Der niederländische Autor Simon Carmiggelt kannte sie alle: die Kneipen Amsterdams. Selbst ein begabter Kneipengänger, schnappte er seine besten Geschichten dort auf und schrieb sie nieder. Unversehens sind dabei nicht nur Texte über Kneipen und mehr oder minder trinkfeste Zeitgenossen entstanden, sondern auch ein kleines Welttheater. Carmiggelt lädt verschmitzt in dieses Theater ein und zeigt, wie kleine Texte zu großer Literatur werden können. Seine Kneipengeschichten sind in den Niederlanden Kult.

Simon Carmiggelt (1913–1987) galt als *der* Amsterdamer Kultautor. Seine Erzählungen von Menschen, Tieren und Alltagsmomenten begeistern noch heute durch Witz und Charme. Bekannt wurde Carmiggelt durch seine Kolumnen in einer bis heute populären Tageszeitung der Niederlande.

»Ein großer Miniaturenmaler.« *Adriaan Roland Holst*

Simon Carmiggelt

Auf ein Gläschen

Kneipengeschichten
Kronkels

Aus dem Niederländischen
von Gerd Busse und Ulrich Faure

Unionsverlag

Die Erzählungen dieses Bandes erschienen im Werk
Alle Kroegverhalen. Kroeglopen I / Kroeglopen II,
erschienen in Uitgeverij De Arbeiderspers, Amsterdam, 1969.
Für diese Ausgabe wurden sie zusammengestellt von Reintje Gianotten.
Deutsche Erstausgabe
Die Übersetzung dieses Buches wurde von der niederländischen
Stiftung für Literatur gefördert.

N ederlands
letterenfonds
dutch foundation
for literature

Im Internet
Aktuelle Informationen, Dokumente und Materialien
zu Simon Carmiggelt und diesem Buch
www.unionsverlag.com

© by Simon Carmiggelt 2019
© by Unionsverlag 2019
Neptunstrasse 20, CH-8032 Zürich
Telefon +41 44 283 20 00
mail@unionsverlag.ch
Alle Rechte vorbehalten
Umschlagmotiv: Lavandaart (Shutterstock)
Umschlaggestaltung: Peter Löffelholz
Lektorat: Anne-Catherine Eigner
Satz: Greiner & Reichel, Köln
Druck und Bindung: Pustet, Regensburg
ISBN 978-3-293-00543-3

Der Unionsverlag wird vom Bundesamt für Kultur mit einem
Verlagsförderungs-Strukturbeitrag für die Jahre 2016–2020 unterstützt.

Auch als E-Book erhältlich

Inhalt

Das kleine Glas

Glück ist dem Dichter Jacques Bloem zufolge ein nebelverhangener Horizont, nach einem deutschen Professor ein Sich-selbst-und-die-Welt-bejahen. Viele Leute haben damit einigermaßen Mühe, sodass die Existenz geistiger Getränke auf dieser Erde, wenn auch nicht zu billigen, so doch zumindest zu erklären ist.

Nun hat jedes Volk das Getränk, das es verdient. Der Niederländer, geduckt unter die Schreckensherrschaft eines wenig erbaulichen Klimas, ist viel stärker zu einem herb-trockenen Leben verurteilt als die von der Sonne kandierten Volksstämme des Südens. Da uns die Natur so gar nicht zum wohligen Faulenzen oder anmutigen Auf-den-Putz-Hauen inspiriert, müssen wir mit unseren Pflichten Ernst machen, solange Geist und Fleisch noch mithalten. Während der Franzose oder der gebenedeite Italiener den lieben langen Tag Wein trinkt und so sein ganzes Tun und Lassen ins Zwielicht eines freundlichen Impressionismus hüllt, bleibt dem Niederländer nicht viel anderes übrig, als den dunklen Stollen bis zur Theke zu durchschreiten.

Es ist kein Zufall, dass dieser Brauch gegen siebzehn Uhr seinen Anfang nimmt. Denn zum Ende des

Nachmittags, wenn sich das Tagwerk mit Anstand als beendet erklären lässt, gerät der durchschnittliche Niederländer in den gefährlichen Strudel eines depressiven Nihilismus. Er scheut den Absprung in den Abend, der Fähigkeiten voraussetzt, über die er kaum oder gar nicht verfügt, und betritt zur Überbrückung der Kluft eine Lokalität, die über eine Ausschankgenehmigung verfügt.

Der Alkohol, der in solchen Etablissements zum Verkauf angeboten und dem menschlichen Organismus zugeführt wird, scheint eine nicht aus reinen Grundstoffen bestehende Substanz zu sein. Ich halte das nur am Rande fest, um deutlich zu machen, dass das Frequentieren von Bars, Cafés und Kneipen ebenso unvernünftig sein würde wie die Einnahme von Salpetersäure oder zerstoßenem Glas, wäre nicht die aufkommende Dämmerung der Zweck, der das Mittel heiligt.

Nun habe ich mal gehört, wie das Trinken als ein »vom Dach springen mit dem Vorsatz, nur eine Etage tief zu fallen« charakterisiert wurde. Da jeder Teilnehmer an der traditionellen vaterländischen Trinkstunde tief im Herzen weiß, dass er sich während der ersten Gläser entschließt, wie viele Etagen eventuell noch hinzukommen könnten, versteckt er sich ängstlich hinter der Maske eines Menschen, der gleich brav nach Hause geht – denn anfangs kann seine noch intakte Logik es nicht über sich bringen, seine eher geheime Absicht beim Namen zu nennen.

Doch ist es allein gut organisierten Geistern gegeben, sich zu einer bestimmten Stunde zu erheben und mit einem dezenten »Guten Abend, die Herren« aufzubrechen. Der eher dionysisch veranlagte Mensch ist ein Zeitgenosse mit Sitzfleisch, der immer auf gespanntem Fuß mit der in den Niederlanden so heiligen Abendbrotzeit steht. Besser als er weiß seine Frau, wie schnell seine beim Betreten einer Kneipe durchaus bestehenden guten Vorsätze zerbröckeln. Es ist erschütternd, einen solchen Mann in Gesellschaft seiner Ehefrau während des sogenannten ersten Viertels zu beobachten.

Der Mann ist in diesem Augenblick ein außerordentlich brillanter Causeur. Er redet ohne Punkt und Komma und lässt sein Glas hin und wieder ganz beiläufig noch einmal auffüllen. Währenddessen sitzt ihm die in die Enge getriebene Frau mit ihrem Gläschen Eierlikör vor der Nase. Sie ist sich völlig sicher, dass er alles andere als jetzt mit nach Hause kommen will. Zugleich steht für sie fest, dass all dieses bemühte Geschwätz verstummen wird, sobald er genügend getrunken hat, um nicht länger auf ihre lauernde Aufsicht Rücksicht nehmen zu müssen. Zwar verkörpert sie am Anfang noch mit niederschmetternder Deutlichkeit, was vernünftig wäre. Im zweiten Viertel streift der Mann jedoch die Gewissensbisse ab, die ihr unleugbar gutes Recht anfangs noch in ihm geschürt hat. Ihm ist jetzt ein Plan eingefallen, der sein eigenes Recht nicht länger infrage stellt. Ein feines Lächeln spielt um seine

Mundwinkel: Er hat die Welt überlistet und verspürt gerade noch ein leichtes Mitleid mit der beschränkten Frau, die seinem Höhenflug nicht folgen und das Heil auch fürderhin nur in pünktlich beginnenden Mahlzeiten und ähnlichen Gewohnheitshandlungen von minderer Bedeutung erblicken kann.

In diesem Augenblick ist der Trinker in höchstem Maße eins mit sich. Seine Konversation bekommt einen etwas stärkeren Anstrich, er benennt die Dinge nun sehr treffend und greift mutig nach Themen, die er sonst lieber meidet. Er ergötzt sich an seinen eigenen Formulierungen, die er ausnahmslos für erhaben hält, und produziert einen Lärm, der, objektiv betrachtet, aus ein oder zwei angreifbaren Behauptungen besteht, die unnötig oft wiederholt werden. Nur dumme und taktlose Frauen bringen diesen Einwand brüsk zum Ausdruck. So eine hellsichtige Bemerkung reißt denn auch ein riesiges Leck in die Illusion des Trinkers. Aus Selbstschutz wendet er sich nun definitiv von dem Wesen ab, das die Perlen seines Geistes verschmäht. Er ist nicht länger glücklich, sondern erbost – ein Gefühl, an das er sich klammert, um unbeherrscht und herausfordernd eine Bestellung aufzugeben.

»Willem, gib mir doch noch eins.«

Der lässige Ton des »Man kann doch nicht mit trockener Kehle reden« hat nun dem polemischen Schwadronieren eines Unverstandenen Platz gemacht, der schon weiß, dass er gegen Windmühlen kämpft.

Jetzt ist sich die Frau ganz sicher, dass es heute Abend spät werden wird. Sie macht sich von dem Mann los und schließt die Tür geräuschvoll hinter sich. Sobald sie verschwunden ist, kommt in das Verhalten des Trinkers eine gewisse Geschäftigkeit. Er schlendert herum und hält, erst mit dem, dann mit jenem ein Schwätzchen. Der Abend breitet sich vor ihm aus wie ein die verschiedensten Möglichkeiten verheißendes Abenteuer. Noch ein einziges Glas wird er hier trinken – aber dann lässt er sich in den Mantel helfen und tritt ins Freie.

Zwei Kunden

Abends um zehn kamen die beiden Alten in die Kneipe. Da war der Buchhalter schon gehörig in Fahrt und schwadronierte ausgiebigst an der Theke, hinter der der Wirt mit kritischem Schweigen die Gläser spülte. Er hat es nicht so mit dem Buchhalter. Der ist ihm viel zu laut. Man darf sich in seiner Kneipe zwar volllaufen lassen, aber es muss schweigend geschehen und mit einem gerade noch verständlichen »Guten Abend, die Herren« enden – das ist ein ungeschriebenes Gesetz.

Aber der Buchhalter haut jeden Tag ausufernd auf den Putz, flutet das zarte Dämmerlicht der Kneipe mit seiner schrillen Stimme und wird nur geduldet, weil er so ein guter Kunde ist.

Denn wenn er abends um sechs mit seiner Arbeit fertig ist, kommt er herein; man kann die Uhr danach stellen. Er strahlt dann eine gewisse Feierlichkeit aus, weil er sich sorgfältig in dunkle, gut geschnittene Anzüge kleidet und nach so einem Tag verbissener Pflichterfüllung noch ganz der zurückhaltend schweigende, etwas gehemmte Herr ist, für den er auch im Berufsleben durchgeht. Aber doch schon ein Herr am Rande des Brunnens, der seinen Durst löschen wird. Er fängt immer mit einem kleinen Pils an. Die Bestellung des ersten Kurzen entschlüpft ihm fünf Minuten später wie eine Beiläufigkeit. Aber dieser erste ist der Anfang einer Kette, an der er bis abends um zehn immer weiter fädelt.

Er ist dann ein vollkommen anderer Mensch geworden, gänzlich befreit von der scheuen, zwanghaften Zurückhaltung, die ihn tagsüber quält wie ein Paar zu enger Schuhe. Sein breites, ein wenig geschwollenes Gesicht strahlt vor lauter unbeschwertem Glück, das der Alkohol in ihm auslöst, und seine metallische Stimme schlägt jedem entgegen, der nicht rechtzeitig die Flucht ergreift. Den Bauchredner nennen sie ihn. Sein immer etwas frotzelnder Diskurs dominiert die ganze Kneipe, denn die Trinker seiner Altersklasse sind längst zu Hause, und das restliche Dutzend besteht aus schweigsamen Männern, die das Gassigehen ihres korpulenten Hundes mit einem heimlichen Schnäpschen verbinden, oder betagte Ehepaare, die eine Runde gedreht haben und noch ein Glas Bier trinken wollen, ehe sie ins Bett gehen.

Die beiden Alten gehörten zur letzten Kategorie. Sie kamen um zehn Uhr – vorneweg die Frau, in Ehren ergraut, und der Mann, ein kleiner, schmächtiger Opa mit einer Brille aus Flaschenbodengläsern, den ein bloßer Hauch umstoßen könnte, wackelte hinterdrein. Sie boten den entwaffnenden Anblick von Menschen, die ihr Leben nach bestem Wissen aufgebraucht hatten und jetzt nur noch ein bisschen herumbummeln und in Gottvertrauen auf das Ende warten.

»Ach, da haben wir Muttern!«, rief der Buchhalter mit schriller, übermütiger Stimme. »Muttern geht heute Abend aus. Muttern will sich zu einem jungen Burschen setzen. Jaja, ich weiß schon. Muttern braucht auch mal was Frisches, stimmts? Also, ich regele das mal für dich. Warte ein Momentchen. Halt einen Platz frei, wenns recht ist!«

Die alte Frau war, ein bisschen verdattert von dem ganzen unerwarteten Jahrmarktgeschrei, auf den Hocker geklettert. Der Buchhalter nahm einen seiner gierigen Schlucke und rief mit einem völlig entspannten Grinsen auf seinem runden Gesicht: »Jetzt pass mal auf, Muttchen. Halte den zweiten Platz schön frei. Sonst setzt sich der Alte da wieder zu dir!«

Die Frau sah kurz zu ihrem zerknitterten Ehemann hinüber. Dann sagte sie mit einer Stimme voll naivem Stolz: »Er liegt bald neben mir.«

II

Herr Geurs arbeitet bei einer Bank. Seit Jahren schon sitzt er in einer Ecke und verrichtet etwas sehr Geräuschloses. Wenn der Tag wieder einmal geschafft ist, spaziert er in seine Kneipe und trinkt drei Schnäpse.

Er redet dabei nicht viel – lacht höchstens, wenn es angemessen ist. Punkt sechs steigt er die schmale Treppe zu Frau Smit hinauf und nimmt die Mahlzeit ein, die sie ihm vorsetzt.

Denn Herr Geurs wohnt als Untermieter bei Frau Smit. Als ihr Mann, ein lebenslustiger Handelsreisender mit Hang zu halbseidenen Anzügen, vor Jahren eines bösen Tages bei Nacht und Nebel verduftet war, hatte sie eine Anzeige für einen anständigen Kostgänger geschaltet und sich Herrn Geurs eingefangen. Für eine Zimmerwirtin ist er ein Geschenk des Himmels, denn er liest und schweigt, geht früh zu Bett und isst alles, was man ihm hinstellt.

Die Nachbarschaft meint, dass sie mal heiraten sollten, und die beiden selbst finden das eigentlich auch, aber es ist so mühselig, die Atmosphäre zu schaffen, die zu solch einem Willensakt führen könnte. Sie versuchen es wieder und wieder. Dann geht an einem Samstagabend die Kneipentür auf, und sie kommen zusammen herein, Frau Smit ein bisschen herausgeputzt, Herr Geurs genau wie immer, aber mit einem frischen Kragen.

Und es wird getrunken – das Übliche für ihn und Zitronenjenever mit Zucker für sie. Der Wirt bringt die Getränke auf Zehenspitzen, denn er weiß, dass etwas sehr Bedeutendes in seinem Hause vorgeht. Nach dem vierten Glas wird Herr Geurs etwas lockerer und beginnt mit leiser Stimme zu sprechen.

»Griechenland«, sagt er dann, »das ist das Älteste vom Ältesten. Die Griechen hatten eine Hochkultur. Leute, denen es gut ging, lebten in prächtigen Palästen. Aber die sind alle kaputtgegangen durch die Kriege und Revolutionen, die da gewütet haben.«

»Menschen sind wie Kinder«, sagt Frau Smit bedauernd. »Alles machen sie kaputt.«

»Alle möglichen Götter haben sie angebetet«, nimmt Herr Geurs ermutigt den Faden wieder auf, »und an Philosophen herrschte kein Mangel. Sokrates – der konnte reden wie ein Weltmeister, den hat keiner vom Thron gestoßen. Und Plato war auch ein sehr großer Philosoph.«

Glücklich lächelnd leert er sein Glas.

»Dafür muss man sicher viel studieren«, sagt Frau Smit ehrfürchtig. »Aber man muss es schon mögen, all die Bücher zurate zu ziehen. Mich würde das total verrückt machen. Die Buchstaben würden anfangen, vor meinen Augen zu tanzen.«

Dann wird erneut etwas bestellt. Und noch etwas. Die ganze Kneipe sieht wohlwollend zu. Gegen elf läuft es wie geschmiert. Schon etwas benebelt, greift Herr Geurs sein Thema wieder auf: »Theseus … und jetzt komme ich auf die Halbgötter zu sprechen …«

Aber fast jedes Mal ungefähr zu dieser Stunde beginnt Frau Smit, ein wenig herumzukrakeelen: »Dieser Halunke! Einfach so abzuhauen! Und ich habe ihn verhätschelt wie einen kleinen Prinzen …«

Denn die Zitronenjenever mit Zucker haben ihre Schweigsamkeit hinweggespült, und bis zur Sperrstunde muss sich Herr Geurs alles über den sauberen Herrn Handelsreisenden anhören – wie er tanzen konnte und Witze reißen und was er alles mitbrachte von der Reise.

Während der Wirt bekümmert die nutzlos gewordenen Gläser bringt, sitzt der Herr Geurs wieder für viele Wochen zugeknöpft da und nickt wohlmeinend. Doch erst, als sie gehen, macht er hinter ihrem Rücken die bittere »Na bitte?«-Geste, der der Wirt mit einem niedergeschlagenen Kopfnicken beipflichtet.

Es krachen lassen

Als die Band einen Cha-Cha-Cha anstimmte, stellte der Kellner die im Eiskübel lehnende Flasche mit dem feierlichen Ernst auf den Tisch, den eine Bestellung für fünfzig Gulden erheischt. Das Mädchen, das seine Brigitte-Bardot-Frisur wie eine kohlrabenschwarze Elefantitiswucherung am Hinterkopf mit sich herumschleppte, warf einen kalten, triumphierenden Blick darauf, und der Mann, sehr dick und sehr betrunken, versuchte, mit baronesker Würde aus Augen zu schauen, die so klein und schmierig waren, dass Mutter sie mit einer nassen Spitze des Handtuchs sauber gewischt hätte. Mit umständlichem Mienenspiel, wie ein Chirurg bei der Operation, begann der Kellner mit dem Entkorkungsritual. Der Mann hob eine kleine pummelige Hand und sagte: »Lassehn.«

»Was wünschen der Herr?«

»Dass er sie sehen will«, dolmetschte das Mädchen.

Der Kellner hob die Flasche aus dem rasselnden Eis, zärtlich, wie eine Mutter ihr Baby herumzeigt. Dösig sah der Mann auf das Etikett.

»Dassis okay«, sagte er.

Der Kellner deutete eine kleine Verbeugung an, als

hätte man ihm persönlich ein Kompliment gemacht. Fachmännisch mit der Serviette hantierend, löste er das Goldpapier und betastete den Drahtverschluss, der den Korken festhielt, so behutsam, als berühre er empfindliche innere Organe. Sein glattes Gesicht zeigte den Ausdruck eines Menschen, der in eine höchst gewichtige Arbeit versunken ist. Währenddessen dachte er: ›Der Sack. Zeigt man ihm ein Witzetikett, und er findet es auch noch okay. Der Herr Weinkenner. Wird gleich preziös an dem moussierenden Dreck nippen, den sich der Lebensmittelhändler nicht für einen Heiermann zu verkaufen trauen würde …‹

Er hatte den Drahtverschluss längst gelöst. Jetzt kam der Trick mit dem Korken. Echter Champagner knallt, aber bei diesem billigen Gesöff klappte das nicht, sodass das Personal den feierlichen Moment mimisch nachstellen musste. Hastig zog er die Flasche aus dem Eis, schaute panisch, drehte sich halb um und zog den Korken ganz normal heraus, aber so, dass die beiden am Tisch seinen Rücken kurz erschüttern sahen. Er hatte einen Kollegen, der bei dieser Gelegenheit auch noch mit der Zunge schnalzte, aber das ging ihm zu weit. Eilfertig schenkte er einen kleinen Schluck in ein Glas, wandte sich wieder dem Kerl zu und begann mit der Vorverkostungsnummer. Sie sahen ihn beide an, das Mädchen herrisch, der Mann leicht mit dem Kopf wackelnd und blinzelnd, er versuchte hartnäckig, zwei unscharfe Bilder zu einem zu verschmelzen. Jetzt hatte der Kellner die Flüssigkeit auf der Zunge, ließ sie kurz durch die Mundhöhle wandern und schluckte sie dann mit einem sich betont bewegenden Adamsapfel herunter. Er schaute sehr introvertiert, als würde er in die eigene Seele horchen. Fragend zog er kurz die Augenbrauen hoch, offenbar einen fürchterlichen Moment lang in grässlichem Zweifel. War mit dem Champagner etwas nicht in Ordnung? Er nahm noch ein Schlückchen und machte dann der Anspannung ein Ende, indem er freudige Entzückung über sein Antlitz huschen ließ. Behutsam schenkte er jetzt dem Mann ein bisschen ein.

Der griff erst neben das Glas, bekam es dann zu fassen und stürzte den Inhalt hinunter. In einem Magen voller Bier, Whisky und Jenever konnte dieser armselige Tropfen weiter keinen Schaden anrichten.

»Dassis okay«, sagte er. »Leckeres Tröpfchen.«

Die Flasche war ihm nun definitiv untergejubelt worden, und seine Trulla würde schon dafür sorgen, dass sie bald leer war. Geräuschlos zog sich der Kellner auf einen strategischen Platz zurück, von dem aus er auf den kleinsten Wink reagieren konnte. Er überblickte seinen Arbeitsbereich wie ein Pfleger einen Saal mit geistesgestörten Patienten, denen man gebührend unter die Arme greifen musste, darauf hatten sie nämlich ein Anrecht. Ach, es war doch gut, gesund zu sein! Mit ausdrucksloser Miene sah er das Mädchen an, das schon wieder nachschenkte. Er dachte an seine eigenen Kinder. Ina saß in der fünften Klasse des Gymnasiums, Elly studierte schon seit zwei Jahren Sozialarbeit, und Joop, sein Ältester, war Wirtschaftsprüfer in Tilburg. Er konnte sich nicht beklagen. Die Kinder waren …

»Kellner!«

Was für eine schrille Stimme diese Schnepfe hatte! Sie saß jeden Abend hier. Kam auch noch aus einer anständigen Familie. Wenn er Elly oder Ina jemals in einem Laden wie diesem erwischte, würde er ihnen eigenhändig beide Beine brechen.

»Madame wünschen?«

»Der Herr möchte noch so ein Fläschchen. Und eine Zigarre.«

»Ja«, sagte der Mann, um auch etwas beizusteuern. »Eine gute Zigarre. Der Preis ist mir wurscht.«

Der Kellner verbeugte sich und ging zum Buffet. Blödmann. Wessen Geld verprasste der hier eigentlich? Von der Steuer? Vom Geschäft? Von dem Betrag, der ihm hier in ein paar Stunden abgeluchst wurde, hätte er eine Woche Urlaub machen können. Er dachte an seinen eigenen Urlaub, der bevorstand. Sie wollten mit Joop im Auto in den Süden fahren. Ina kam mit. Elly nicht. Die wollte was mit einer Freundin auf dem Motorroller unternehmen. Eigentlich fand er das öde. Aber was sollte man machen?

Er stand am Ausschank und orderte noch eine Flasche.

»Und eine Zigarre.«

»Was für eine?«, fragte der Büffetier.

»Irgendeine«, sagte er, »Hauptsache, sie brennt.«

Der andere

Heute Morgen verspürte ich enorme Lust, mich zu betrinken. Haben Sie das auch schon mal? Kommen Sie, keine falsche Scham, wir sind unter uns. Oh, Sie kennen das nicht. Nun ja, das wundert mich jetzt aber. Denn mir geht es öfter so, und ich weiß nicht genau, woher es kommt. Man dackelt wie immer aus dem Haus und erkennt es sofort: Das ist ein Tag, den man gleich vergessen kann. Heute Morgen etwa. Zwar standen lauter sehr interessante Termine in meinem Kalender, aber ich spürte mit meinem ganzen Wesen, dass es nichts werden würde.

»So, jetzt aber mal frisch ans Werk«, sagte ich zu mir selbst.

»Ein Schnäpschen kann ja wohl nicht schaden«, sprach der andere. Geht es Ihnen auch so? Dass da ein anderer in Ihnen drinsteckt, eine Person, der Sie eigentlich noch nie vorgestellt worden sind? Aber sie ist immer da. Manchmal sitzt sie über Wochen schweigend in meiner Seele und liest Dickens, aber dann, eines schönen Tages, wird sie aktiv und fängt an, sich überall störend einzumischen.

»Ins Büro!«, rief ich mit der verzweifelten Energie

eines Reiseleiters. Aber der andere trat mir in die Beine, sodass ich nicht geradeaus, sondern nach links ging.

»Meinetwegen, diesen Weg kann ich auch nehmen«, sagte ich, die Contenance wahrend.

»Sieh mal, hier ist die nette Kneipe«, sprach der andere und stand still.

»Da gehe ich nicht rein«, rief ich.

Aber der andere ging hinein, also musste ich wohl mit – mitgefangen, mitgehangen. Es ist übrigens wirklich eine nette Kneipe. Ein dicker, verträumter Mann, der fortwährend nachzusehen scheint, ob er in einem früheren Leben etwas vergessen hat, aber nicht genau weiß, was, hat diese Abfüllstätte mit liebevollen Händen rund um seine eigene Trunksucht herum aufgebaut. Abgesehen von der Abstinenzler-Zeitung »Die Blaue Fahne«, hat das Ganze etwas sehr Schönes. Wir alle suchen nach dem exakten Ausdruck unseres tiefsten Inneren und erreichen es nur höchst bruchstückhaft – doch einigen Wirten ist es gelungen. Sie nageln »Ausschankgenehmigung«, den Kern ihrer Persönlichkeit, stolz an ihren Hausgiebel. Sie sind Kostgänger ihrer gewinnbringenden Neigung, besser noch, sie müssen es sein, weil sie ihr Brot damit verdienen. So schlagen sie zwei Fliegen mit einer Klappe, sind Dichter und Bauer in einem, treten in die Pedale und bewegen sich gleichzeitig im Leerlauf fort, und sie fangen sich selbst und den anderen geschickt in einem sehr kleinen Gläschen auf.

»Guten Morgen, Mijnheer!«

Welch ein Balsam! Man ist hier jenseits von Gut und Böse, im trügerischen Himmel derer, die glauben, es aber trotzdem eilig haben.

»Jetzt wirst du keinen Schnaps, sondern eine Tasse Kaffee bestellen«, sagte ich streng zu mir selbst, denn ich kenne das. Trinken ist wie mit einer Matrosin flirten und an der harten Brust eines Admirals wach zu werden. Kaffee also.

»Natürlich. Warum solltest du keinen Kaffee nehmen?«, sprach der andere. Irgendwann verkaufe ich ihn noch an die Jesuiten.

»Was darf es sein, der Herr?«, fragte der Wirt leutselig.

»Einen alten Jenever«, sagte der andere.

Ich wurde ungeheuer wütend auf ihn. Denn was soll das, jemandem seinen Text wegzuschnappen? Ehrlich, ich wollte »Kaffee« sagen, aber nein, er musste wieder reden, bevor er dran war. Während der Wirt hinter den Ausschank zurückkehrte, kam seine Frau mit dem Hund aus dem Obergeschoss, um Einkäufe zu erledigen. Ich kenne diesen Moment, einen Moment des stillen Leidens. Denn es ist eine ganz gruselige Frau mit einem ganz gruseligen Hund. Sie sind der Strafzoll seines Lebens. Der Hund bellt unausgesetzt und lässt die Männer, die reglos an der Theke stehen, um sich vom gestrigen Abend zu erholen, schweigend zusammenfahren. Die Frau hat keine Eile, mosert viel zu lange in der Kneipe herum, bevor sie endlich geht, und redet dabei ausschließlich unnützes Zeug, was ihre ohnehin schon verhängnisvolle Anwesenheit auf Erden unnötig unterstreicht.

»Ja, Lies«, antwortet der Wirt jedes Mal mit der Milde eines Bisons, der sich mit der Rolle als Haustier abgefunden hat. Die ganze Kneipe kennt den Grund. Er steht bei ihr sehr viel tiefer in der Kreide, als es uns bei ihm jemals gelingen wird. Sie weiß das. Die Männer wissen es. Und der Hund profitiert davon, denn er bekommt seit Jahren nicht den Tritt, den er verdient.

»Tschüss, Lies.«

Endlich war sie weg. Da kam er mit meinem Schnaps. »Ein Schnaps um zehn Uhr morgens – das wird heute nichts«, sagte ich zu mir.

»Du kannst immer noch Kaffee bestellen«, zischte der andere, seiner Sache gewiss. Aber jetzt hatte er das Spiel überreizt. Denn als mir der Wirt das Glas hinstellen wollte, rief ich plötzlich todesmutig: »Ich hatte Kaffee bestellt!«

»Ruhig, Mijnheer«, beschwichtigte der Mann. »Ein Irrtum, kann vorkommen. Das regeln wir ganz einfach.«

Und er führte den Schnapskelch an die Lippen und leerte ihn in einem einzigen, fachmännisch sauberen Zug.

»Jetzt trinkt *er* ihn«, sagte der andere wehmütig.

Aber er nahm seinen Dickens-Band wieder auf die Knie.

»Eine schöne Tasse Kaffee für den Herrn«, versprach der Wirt munter.

Es war Spülwasser.

Frische Luft

Mit Joop ist alles wieder beim Alten. Ich kenne ihn schon lange, denn er gehört zu den Stammkunden einer Kneipe auf Kattenburg, der Insel im Amsterdamer Hafen, wo auch ich gelegentlich mal bin. Joop ist ein großer, schwerfälliger Mann an die sechzig. Früher ist er zur See gefahren, aber er war keine Hilfe an Bord, ein Understatement, das er benutzt, um zu erklären, dass er rund um den ganzen Erdball in Krankenhäusern gelegen hat. In Buenos Aires haben sie seinen gebrochenen Arm gerichtet, in Singapur seinen großen Zeh amputiert, sein linkes Auge kam ihm in Batavia abhanden (»durch Dr. van den Burg, ein sehr umgänglicher Kerl«), und seine Gallenblase ließ er in Houston zurück. Auf seinem geplagten Körper bereist man die ganze Welt und versteht, je länger, je mehr, seinen vor zehn Jahren gefassten Entschluss, fortan an Land zu bleiben. Er betreibt einen undurchsichtigen Handel, hält sich aber meist in dieser Kneipe auf.

»Ich muss doch hierherkommen«, sagt er in Momenten der Besinnung, »die Kunden kommen ja nicht zu mir nach Hause.«

Sein Zuhause ist ein Kämmerchen, einen Steinwurf

vom Ausschank entfernt, denn mit dem Heiraten hat es Joop erst gar nicht versuchen wollen.

»Was soll denn ein Seemann mit einer Frau?«, sagt er.

Und wenn sich dann immer wieder einmal einer der Umstehenden anheischig macht, die hübsche Redensart »in jedem Städtchen ein Mädchen« anzubringen, lächelt er geheimnisvoll wie einer, der sich über irgendetwas nicht weiter auslassen will. Ich glaube allerdings, dass es keine Mädchen, sondern Kneipen waren.

Joop gleitet also auf seine nebulöse Art durchs Leben. Alle Tage sind gleich. Manchmal kommt der eine Schnaps besser als der andere, aber markantere Unterschiede gibt es nicht.

Doch ungefähr vor einem Monat gab es plötzlich einen gewissen Umschwung in seiner Existenz.

Seine solide, immer nichtssagende und dadurch so beruhigende Konversation bekam einen unzufriedenen Anstrich.

»Ich stehe jeden Tag hier und saufe in dieser Scheißkneipe«, sagte er. »Das ist doch kein Leben für einen Menschen? So lebt ein Schwein. Und das, obwohl es so viel Schönes auf der Welt gibt!«

Die anderen Stammkunden horchten auf. Sie sahen aus, als würden sie am liebsten eine Aufstellung all des Schönen auf dieser Welt hören wollen, hatten aber den Takt, nicht darum zu bitten. In Joop gärte es, so viel stand fest. Und schon bald nahm seine Unzufriedenheit mit sich selbst die Konturen eines Planes an.

»Ich werde draußen auf dem Lande wohnen«, kündigte er eines Nachmittags an. »Ich habe schon ein tolles Häuschen im Auge. Ganz im Grünen. Und mit dem Moped nicht mal fünfunddreißig Minuten von hier.«

»Hast du denn ein Moped?«, fragte der Wirt.

»Nein, aber das werde ich kaufen«, sagte Joop.

Unwirsch trank er sein Glas aus, sah sich herausfordernd um, ob sich jemand vielleicht »das machst du ja doch nicht« zu sagen traute. Doch niemand tat es. Mehr noch: Das Häuschen von Joop wurde langsam, aber sicher zu einem gemeinsam geträumten Traum. Er wusste so schön davon zu erzählen, wie er – »wer kann mir jetzt noch irgendwas?« – unter genüsslichem Einatmen frischer Luft in seinem kleinen Garten sitzen würde. Und das sei das Schönste, was es gäbe, frische Luft, da waren sich alle Stammkunden einig. Sie würden Joop regelmäßig besuchen, um auch in diesen Genuss zu kommen, schön weit weg von dieser stickigen Kneipe.

»Und dann gehen wir mit einer kleinen, kühlen Flasche Bier in der Nähe angeln, Jungs, und dann ist für uns das soziale Problem gelöst.«

Selbst der Wirt, ein gewohnheitsmäßiger Skeptiker, ließ sich schließlich mitreißen und half mit seiner selbstlosen Vermittlung beim Kauf eines unverwüstlichen gebrauchten Mopeds, das Joop beflügeln sollte, seinem Himmel zuzufliegen.

Mit diesem Fahrzeug ist er letzte Woche im Dämmerzustand mit einem Auto zusammengestoßen und hat sich das Handgelenk gebrochen, einfach, weil er sich nun mal ständig was bricht. Das Moped hat Totalschaden. Und das Häuschen …

»Ich bin froh, dass ich es noch nicht gemietet habe«, sagte er mir gestern. »Es ist schön, das schon. Aber doch nichts für unsereins.«

Und düster lächelnd nahm er sein Glas mit der Linken, denn die rechte Hand ist eingegipst. Aber weil er täglich viel übt, trinkt er linkshändig auch schon sehr geschickt und verschüttet keinen Tropfen.

Nun ja, man kann eben auch ohne frische Luft leben.

Fachmann

Die Bar, in der ich mich um vier Uhr verabredet hatte, war leer. Ich setzte mich auf einen Hocker und betrachtete mich geraume Zeit selbst im Spiegel. Dann fing ich an, Grimassen zu schneiden, ein hübscher Zeitvertreib, bei dem man freilich aufpassen muss, denn meist kommt gerade dann jemand herein. Aber es kam niemand. Die heimeligen Sessel streckten mit einem vergeblichen »Wer kommt da in mein Häuschen?« ihre weichen Arme nach den rubensförmigen Spesenrittern aus, aber es gab nicht einmal einen feinsinnigen jungen Herrn, der sich Handgreiflichkeiten auf dem Flügel, der wie ein düsterer Sarkophag in dem Laden stand, erlaubt hätte.

Als ich gerade dazu übergegangen war, mich angeregt mit mir selbst zu unterhalten, erschien der Barkeeper. Er trat wie ein Schauspieler auf, der das Eis brechen soll, frisch rasiert und in blütenreinem Weiß, ein Fachmann in voller Feldmontur.

»Guten Tag, Mijnheer!«

Ich mag diesen freudigen Ton: Wenigstens einer, der findet, dass ich recht daran getan hatte, hier hereinzukommen. Jahrelang habe ich Barkeeper werden wollen, denn man kann in geziemender Weise mittrinken und sich in Augenblicken der Reue sagen: Ist halt mein Beruf. Die Kunden haben es viel schwerer, die kommen auf eigene Gefahr – eine blasse Spezies verlorener Alchemisten, die verzweifelt ihre Retörtchen zum Mund führen. Manchmal kriegen sie zu viel, aber nie genug. Ein Barkeeper schon. Der arbeitet hier mit anderen Mitteln und weiß, dass er genug hat, wenn es gerade eben noch zu wenig gewesen ist, um der Versuchung zu widerstehen, den Gästen die Flaschen über die Köpfe auszuschütten.

»War es hektisch an der Börse, Mijnheer?«

»Ach, es ging so«, sage ich.

Es wäre dumm, Einwände dagegen zu erheben: In Filmen kann man den Leuten den Beruf ansehen, aber das alltägliche Leben kennt das Prinzip des Typecastings nicht, sodass sich offenkundige Volksverführer letztlich immer als Schnürsenkelverkäufer entpuppen.

»Noch beim Fußball gewesen, Mijnheer?«

Ich muss mich wohl doch um ein anderes Gesicht kümmern.

»Nun ja …«, fange ich an, aber ich werde durch das Eintreten eines kleinen, dicken Herrn gerettet, dessen entschlossener Schritt beweist, dass in seinem Schädel das Hirn dieses Unternehmens sitzt.

»Sag, Leendert, ist der neue Pianist schon da?«

»Nein, Mijnheer …«

»Aber er sollte um vier kommen …«

In diesem Augenblick erscheint ein junger Mann mit widerspenstigem Engelshaar und gibt freundlicherweise zu erkennen, dass er das Amt eines Musikers ausübt.

»So. Dann setz dich mal«, sagt der Chef. Er blickt auf seine Uhr, lässt es aber dabei bewenden. Hinter meinem Rücken hebt das Gespräch an – der Spiegel liefert die Mimik dazu.

»Hast du Erfahrung mit der Arbeit in Bars?«

Der junge Mann nickt und beginnt, während er knisternde Papiere überreicht, eine Reihe nett klingender Musikstücke aufzuzählen. Während ich mit halbem Ohr hinhöre, döse ich fast ein. Leendert taxiert mich schweigend und fast wohlwollend. Barkeeper ist nett, aber Barpianist habe ich auch immer für einen schönen Beruf gehalten. Man kann, während man die offerierten Schnäpse zu sich nimmt, liebliche Weisen vor sich hin klimpern und wird dabei romantisch von Frauen begutachtet, die mithilfe der Weinkarte zu der Überzeugung gelangt sind, dass sich da die höchsten Höhen des Gefühlslebens herauskitzeln lassen. Das muss doch ein schönes Leben sein …

»Ich werde dir mal erklären, wie wir hier arbeiten«, sagt die barsche Stimme des Chefs im Hintergrund. »Wenn es hier leer ist, spielst du auf Wunsch. Dabei kannst du ruhig großzügig sein. Richtige Gassenhauer sind mir eigentlich egal, wenn es denn der Wunsch eines Kunden ist, der ein bisschen was auf der Naht hat. Aber wenn es voll wird, spielst du ruhiger, feiner, gesitteter …«

»Ungarisch …«, begriff der Musiker.

»Nein, nein, mein Junge!«, rief der Chef erschrocken. »Nichts Ungarisches! Dann starren sie Löcher in die Luft und wollen nach einer Viertelstunde ihre Mäntel. Die Puszta gibt es erst samstags, wenn es proppenvoll ist mit Typen, die sich an einem einzigen Glas festhalten. Leendert gibt dir ein Zeichen. Dann schmachtest du den Laden mal kurz leer. Aber ansonsten – halt es leicht, sanft, fröhlich … aber auch wieder nicht zu fröhlich, denn dann wollen sie gleich gehen, um irgendwo zu tanzen …«

»Ein bisschen wienerisch«, tastete sich der junge Mann heran.

»Das kann nicht schaden«, fand der Chef.

»Sie sind sicher aus der Provinz?«, fing Leendert wieder an.

Nein, ich werde doch nicht Barkeeper. Nicht mal Pianist.

Ein Mann

In einer Kneipe am Nieuwendijk setzte sich ein alter Mann an meinen Tisch, wies mit einem heftig zitternden Finger auf meine Zigarettenschachtel und sagte: »Darf ich eine? Natürlich nicht für umsonst. Umsonst ist nur der Tod. Das wäre ja noch schöner, wenn ich bei jemandem eine Zigarette schnorren würde, obwohl ich Geld in der Tasche habe. *Monnie in de pokket. Argent dans la pos* – Deutsch, Spanisch, Portugiesisch, Griechisch – ich kenne alle lebenden und toten Sprachen wie meine Westentasche. Klar. Aber verstehen Sie mich richtig – ich bin schon alt, und wenn mir eins stinkt, dann ist es, wenn rumgelästert wird. Denn wie sind die Menschen, mein Lieber? Sie heißen Hendriks. Nur mal angenommen. Nehmen wir also an, dass Sie Hendriks heißen. Sie sitzen hier ganz manierlich, und morgen sagen die Leute: ›Hast du Hendriks gesehen, gestern? Eieiei …‹ So sind sie. Und dann gehts abwärts. Denn sie ziehen einen immer nach unten. Nie nach oben. Achten Sie auf meine Worte. In früheren Jahren – ich bin jetzt achtzig und mache noch ein paar Kommissionsgeschäfte, aber ansonsten bin ich im Ruhestand. Wenn Sie was von Technik verstehen, ich hätte einen hübschen Zirkelkasten für Sie zu einem Preis, über den Sie lachen würden, aber das ist eine andere Geschichte. Klar. In früheren Jahren also, als ich noch ein junger Mann und auf Zack gewesen bin, war ich groß im Geschäft. Klar. Aber was macht das schon. Ich war eine Persönlichkeit, zu der man wie zu einem Gott aufsah. Das war früher, als ich mit einem Grüppchen in der Kalverstraat Schnaps getrunken habe, alles äußerst bedeutende Leute, viele Bauunternehmer und einige Anwälte, nun ja, ich trank Schnaps, und das Glas kostete ein Dubbeltje, was zehn Cent sind, und wenn es auf halb sieben zuging, weil man sich unterhielt und es gesellig war, wie es das heute gar nicht mehr gibt, sagte der Kellner: ›Ich sehe schon, die Herrschaften wollen hier überwintern‹, und dann wurden sieben, acht Essen bestellt. Klar. Und die haben wir auch gegessen, später, es mag schon gegen acht gewesen sein, aber dann sind wir zu Tisch gegangen. Klar. Aber was ich sagen wollte, ich habe da mal einen Mann mitgebracht, einen aus Groningen, und der Mann schmeißt eine Runde und muss schließlich weg. Zum Zug. Und was glauben Sie, was sie gesagt haben? ›Eine joviale Person‹, haben sie gesagt, ›aber was macht er? Was verdient er?‹ Verstehen Sie? Mein Bester, so was kann mich zur Weißglut treiben. Denn was geht es mich an, was jemand macht und was er verdient? Ich habe jahrelang mit Leuten Karten gespielt, von denen ich nur wusste, dass sie Piet oder Jan hießen. Das hat mir gereicht. Denn was weiß ich schon? Sie zum Beispiel. Wenn ich Sie mir so ansehe. Sie arbeiten sicher in einem Büro. Oder in einer Bank. Oder vielleicht handeln Sie mit irgendwas. Aber was macht das schon? Meinetwegen können Sie mit einem Affen von Tür zu Tür ziehen. Das ist doch Ihre Sache? Sie könnten auch Anstreicher sein. Oder ein Bauunternehmer, obwohl Sie dafür, mit Verlaub, nicht ganz die Statur haben.

Egal. Ich werde Sie nicht fragen. Ich sitze hier mit Ihnen von Mensch zu Mensch. Ich habe eine Zigarette von Ihnen geraucht, und ich habe Geld in der Tasche. Ich kann sie ohne Weiteres bezahlen. Alles was recht ist. Ich will nicht, dass man später sagt, der alte Mann schnorrt bei den Leuten Zigaretten. Meine Mutter war eine Seeländerin. Ich habe gelernt, meinen Kopf oben zu tragen, und darüber bin ich sehr froh. Aber gut. Vielleicht arbeiten Sie in der Gastronomie oder haben einen Posten bei der Lebensversicherung. Das ist mir egal. Ich werde Sie nicht fragen. Denn wie würde es laufen? Sie würden sagen, ich mache dies oder jenes. Umstehende hören das. Was kriegt man dann? Klatsch und Tratsch. Und so landet man in der Gosse, mein Bester. Wer hat schon Achtung vor einem Menschen? Dass ich nicht lache. Sie machen alles runter. Nehmen Sie mich zum Beispiel. Ich sitze brav hier und unterhalte mich mit Ihnen. Doch wer weiß, vielleicht sind hier schon Leute, die sagen, dass ich betrunken bin. Ja, betrunken, denken Sie nur. Bin ich betrunken?«

Er wandte sich zu einem älteren Mann an der Theke. Der schüttelte seinen grauhaarigen Kopf und sagte zu mir: »Nein, Mijnheer, er hat es nur an den Nerven.«

Abends auf ein Gläschen

Mitunter sagt der Mann nach dem Essen plötzlich:
»Lass uns mal in die Stadt bummeln gehen.«

»Es gibt heute Abend auch ein schönes Fernsehprogramm«, versucht es die Frau.

Aber darauf geht er nicht ein. Er zieht seinen Mantel
an und sagt: »Komm.«

Wenig später sind sie draußen – ein adrettes, tadel-
loses Ehepaar mittleren Alters, denn er hat Erfolg an der
Börse, und sie kümmert sich vorbildlich um ihn. Erst
kehren sie in der Kneipe an der Ecke ein, einer halb-
dunklen, nach Bier und Zigarren riechenden Spelunke.
Da geht es mit dem Trinken los. Er alten Jenever und
sie eine Flasche Sprudel.

Wenn sie sich nicht so vor dem Ende des Abends
fürchten würde, fände sie diese erste Stunde eigentlich
ganz nett. Denn der Schnaps vertreibt seine mürrische
Schweigsamkeit und macht ihn offen und anhäng-
lich. Sie reden immer über die Kinder. Über Jan, der
in Australien keine Zeit hat, regelmäßig zu schreiben. Und über Liesje, die nun schon seit vier Jahren
eine aussichtslose Affäre mit ihrem verheirateten Chef
hat.

»Ach, was hat es für einen Sinn, alles so düster zu sehen?«, sagt der Mann, und sein von Schnäpsen beflügeltes Lächeln erinnert sie an früher. »Die Kinder sind nun mal erwachsen. So ist es doch? Und auch wenn sie manchmal Dinge tun, mit denen wir nicht einverstanden sind, na ja, sie bauen sich ihr eigenes Leben auf, und es ist eine andere Zeit.«

So redet er auf sie ein, und sie fühlen sich einander sehr nahe. Nach einer Stunde lässt er ein Taxi kommen. Dann will er in die Stadt. Sie hasst die Kneipen, denn sie sieht sie zu klar, da sie keinen Alkohol verträgt und den ganzen Abend mit Limonade zubringen muss, die zwar den Durst löscht, aber keine Wirkung auf den Geist hat. So gegen elf sieht sie, wie sich ihr Mann verändert. Während er ununterbrochen weitertrinkt, kommt ein über die Maßen düsterer Ausdruck in seine Augen – ein Tier in Todesnöten. Das ist ein gefährlicher Moment. Jedes falsche Wort kann ihn wütend machen. Mucksmäuschenstill sitzt sie ihm gegenüber und hört ihn murmeln. »Die Schlampe ... liegt mit einem verheirateten Kerl im Bett. Saubere Sache. Und das muss man einfach schlucken.«

Sie geht nicht darauf ein, und das reizt ihn.

Plötzlich sieht er sie scharf an und sagt: »Schöne Kinder hast du mir geschenkt!«

Sein Blick ist mittlerweile äußerst bösartig. Jetzt ist sie sich ganz sicher, dass noch eine Menge passieren wird, ehe sie ihn im Bett hat. Denn je schneller und gieriger er trinkt, umso größer wird seine Verzweiflung. Er schwelgt förmlich darin. Manchmal bricht er mitten in einer vollen Kneipe in Schluchzen aus. Dann muss sie ihn ganz behutsam und taktisch geschickt nach draußen lotsen, sein Gesicht nass von den Krokodilstränen, sein hübscher Filzhut hinten auf dem Kopf. Doch das Schwierigste ist das Ende des Abends, wenn alle Kneipen zu sind, denn dann überkommt es ihn immer, dass er nicht mehr mit ihr unter einem Dach leben will. »Hau ab«, ruft er dann. »Ich gehe ins Obdachlosenasyl. Dann bin ich weg von allem. Von dir. Von den tollen Kindern. Und dem ganzen Scheißdreck.«

Und er macht sich auf, dorthin zu gehen, wankend, doch fest entschlossen, seinen Kopf heroisch erhoben.

Sie spricht ganz leise und freundlich mit ihm, wie man mit einem Kind spricht. Manchmal verschwindet er in einem Stadtpark plötzlich im Gebüsch, legt sich auf den Boden und zieht seinen Mantel wie eine Decke über sich. »Geh ruhig! Ich kann auch hier schlafen.«

Es kommt dann schon mal ein Polizist und ruft: »Nehmen Sie den Mann mit. Sonst mache ich es.«

»Komm schon, Wim«, fleht sie, »du hast es gehört.«

Es ist fast immer schon Morgen, wenn sie nach Hause kommen.

Man hört die Vögel singen. Als er endlich daliegt und schnarcht, schreibt sie auf einen Zettel: Reinigung anrufen wegen Mantel. Sie findet keinen Schlaf. Sie betrachtet ihn noch lange Zeit aufmerksam. Sie liebt ihn.

Heulsuse

Der Herbst blickte durch das Fenster ins Kneipeninnere wie eine verblühte Frau, die ihren Mann sucht. Doch in dem stillen, alten Lokal, in dem etwas von den Achtzigerjahren des vorigen Jahrhunderts mit seinen engen Hosen und den elastischen Knöpfstiefeln hängen geblieben war, ließ die Nachmittagsdämmerung nur meinen Rücken und den breiten Rumpf des Wirtes erkennen. In unser träges, doch nicht unbehagliches Schweigen trat ein Mann mit einer Melone, der seine Aktentasche vorsichtig auf den Boden stellte, als säße ein klitzekleiner Zwerg darin, der sich wehtun könnte.

»Einen Klaren?«, fragte der Wirt und hatte die Hand schon an der Flasche.

»Nein, nein, keinen Schnaps. Kaffee!«, rief der andere abwehrend. »Für mich kein Feuerwasser mehr. Ich bin fertig mit dem Sorgenbrecher.«

Er kannte verschiedene Synonyme für Jenever, wie die Eskimos sicher zwanzig Worte für Schnee haben. Ernst kam er zu dem Schluss: »Ich habe in meinem Leben zu viel gehabt.«

Der Wirt schob die Flasche zurück.

»Das ist 'ne Menge«, sagte er mit dem Respekt eines Menschen, der weiß, wovon er spricht. Nachdem der Kaffee von hinten geholt worden war und ein bisschen verloren auf dem Zinktresen stand, ging die Tür einen Spaltbreit auf, was ausreichte, um ein besonders dürres Kerlchen hereinzulassen. Es gehörte zu denen, die bei der Auslieferung einer Generation aus Versehen mit eingepackt worden sind, man musste nur einen einzigen Blick auf seine unscheinbare Gestalt werfen, in seine ängstlichen Augen und auf seine Lippen sehen, die wie ein zu kleiner Fahrradreifen immer wieder von der Felge zu springen drohten, um einschätzen zu können, wie sehr allein das bloße Dahinfließen des Lebens seine Kräfte überstieg.

»Einen jungen Jenever«, sagte er, legte einen Hut auf die Theke, der in den letzten Zügen lag.

»Erst mal Geld zeigen«, antwortete der Wirt, der sich nicht gerührt hatte.

»Gut …, gut …«, sagte der andere folgsam und fing an, einzelne Centmünzen in einer Reihe auf die Theke zu legen. Als er ausgeklimpert war, inspizierte der Wirt die Münzen und stellte fest: »Das sind drei zu wenig …«

»Morgen …«, begann der Mann.

»Nichts da!«, kam die Antwort, sie klang wie das Schlagen einer Tür.

Stille breitete sich verlegen über diese verfahrene Situation. Der Bursche betrachtete seine Münzen, als dächte er: »Das ist doch eine hübsche Reihe«, und ließ dann seinen Blick ängstlich in das füllige Gesicht des Kneipenwirts hinaufwandern, das sich grimmig um eine schwarze Zigarre konzentriert hatte.

»Ich lege die drei gern dazu!«, rief die Melone plötzlich.

Während es aus der Flasche gluckerte, floss dem Männlein das Herz über.

»Du gute Seele!«, rief er pathetisch. »Ich kann es dir nicht vergelten!«

Das Geschehene hatte ihn so mitgenommen, dass er aufschluchzte und seine Brille auf die Stirn schieben musste, um ein paar dicke Tränen auf der Höhe des Jochbeins aufhalten zu können.

»Nicht heulen«, sagte der Wirt. »Das mögen wir hier nicht.«

Die Melone, geschockt von den pompösen Folgen seiner einfachen Regung, zahlte eilig und ging wieder hinaus auf die Gracht. Nun wandte sich das Kerlchen mir zu und offenbarte mir seinen Lebensschmerz.

»Guter Mann«, sagte er mit gebrochener Stimme. »Ich stamme aus einer sehr anständigen Familie.«

Er nahm sein Taschentuch und begann, für längere Zeit mit der Nase zu trompeten.

Während der Wirt sprachlos vor Geringschätzung zusah, fuhr er fort: »Ich habe sieben Schwestern. Sieben. Und allen sieben geht es prima. Aber glaubst du, dass sie was mit mir zu tun haben wollen? Mit ihrem eigenen Bruder? Nein, guter Mann. Und nur, weil ich hin und wieder mal ein Gläschen trinke.«

Er wollte erneut in Tränen ausbrechen, aber der Blick des Wirtes hielt ihn zurück. Dann, um mir die völlige Absurdität seines Schicksals ein für alle Mal zu verdeutlichen, sagte er mit umflortem Blick: »Und letztens habe ich hier eine Dame getroffen, und diese Dame hat mir gesagt: ›Mein Herr, ich wollte, dass ich einen Bruder hätte.‹«

Er leerte sein Glas in einem Zug, nickte mir ein paarmal zu und verließ im stillen Bewusstsein, dass er recht hatte, die Kneipe, um sich distinguiert im Halbdunkel eines herbstlichen Nachmittags in einer Amsterdamer Gracht aufzulösen.

Die Dose

Als ich um elf Uhr morgens in die Kneipe kam, in der Geschäftsleute Kaffee trinken, einander konspirativ Verträge lesen lassen oder in sich gekehrt hinter der Morgenzeitung verschwinden, sah ich Wim schon beim Sherry sitzen.

»Auch einen?«, fragte er.

Aber ich konnte mich mit einer Fleischbrühe retten, denn der Tag läuft einem aus dem Ruder, wenn man so früh anfängt.

»Ich würde schon noch einen nehmen«, sagte Wim grimmig zu dem Kellner.

Und er fing wieder an, vor sich hinzustarren, deutlich im Zustand geistiger Auflösung. Das überraschte mich, denn es passt nicht zu ihm. Er gehört zu den Leuten, die ihr Leben so sorgfältig organisieren, dass der Zufall keinen Platz darin hat. Er besitzt irgendeine florierende Dienstleistungsfirma, wo er hart arbeitet. Ständig sehe ich ihn in Restaurants oder Kaffeehäusern damit beschäftigt, dicke Herren in Maßanzügen bei Speis und Trank von irgendetwas zu überzeugen, den Zeigefinger dabei beschwörend erhoben.

»Trinkst du wirklich kein Glas mit?«, fragte er.

»Ich habe noch Brühe«, antwortete ich.

Ich kenne ihn schon seit Jahren. Früher war er mit einer eher leichtlebigen Frau namens Mies verheiratet, die ihm einen Sohn schenkte und sich dann in einen Mann, Typ Clark Gable mit schlaffem Kinn, verliebte, bei dem sie Fahrstunden nahm und der sie nach der Scheidung nach Kanada mitschleppte, weil er dort besser zurechtkam. Wim behielt seinen Sohn Aatje. Er ist, glaube ich, jetzt sechs Jahre alt, ein freundliches, rankes Kerlchen mit wuschligem blonden Haar und einem etwas melancholischen Lächeln. Ich sehe ihn hin und wieder sonntags mit seinem Vater spazieren gehen. Denn darauf legt Wim Wert: »Dieser Tag gehört dem Kind«, sagt er immer. An den anderen Tagen wird er von der Haushälterin bestens versorgt, einer tüchtigen Frau mit Silberblick und um die fünfzig, sodass Wim nicht an ihr hängen bleiben kann.

»Ist was?«, fragte ich, als er das dritte Glas an die Lippen setzte.

»Ach …«, sagte er.

Er zögerte einen Moment und begann dann: »Es ist nicht immer das reinste Vergnügen, weißt du, so allein mit einem Kind. Für mich nicht und für ihn auch nicht.«

Er schüttelte trübsinnig den Kopf und fuhr fort: »Neulich habe ich eine Silberdose bekommen. Von meiner Mutter. Eine hübsche Dose. Für Zigaretten. Die steht zu Hause auf meinem Schreibtisch. Ich liebe solche Sachen. Du magst das komisch finden …«

»Nein, warum?«, sagte ich.

»Nun komm ich gestern nach Hause«, sagte er, »ich lege ein paar Mappen auf meinen Schreibtisch. Und was sehe ich da? Die Dose hat einen Kratzer. Von einem spitzen Gegenstand. Furchtbar! Ich war müde, weil ich den ganzen Tag auf einer Sitzung gewesen war, also wurde ich auf einmal über die Maßen wütend. ›Wer war das?‹, habe ich geschrien. Kurzum, Aatje ist es gewesen.«

Er nahm noch einen Schluck Sherry und schüttelte den Kopf. »Ich rufe ihn in mein Zimmer und stauche ihn ordentlich zusammen. Aber so richtig …, na ja, überzogen eigentlich, denn ich mache so etwas sonst nie. Er war denn auch gehörig erschrocken, brach in Tränen aus und war völlig außer sich. Ich war selbst erschrocken. Also habe ich meinen Ton ein bisschen gemäßigt und gefragt: ›Warum hast du das überhaupt gemacht?‹ Keine Antwort. Nur Geschluchze. Mir tat es schon leid. Ich habe mich vor ihn hingestellt und gesagt: ›Was wolltest du da um Himmels willen reinkratzen?‹ Weißt du, was er gesagt hat?«

Ich hatte keine blasse Ahnung.

Aber ich sah die Szene deutlich vor mir.

Der große, stattliche Mann mit der kräftigen Stimme neben seinem Schreibtisch. Und auf dem Stuhl der blasse, immer etwas melancholische Junge, der mit tränenerstickter Stimme endlich die Antwort gab, die Wim heute so früh an den Sherry gebracht hatte: »Ich wollte reinkratzen: *Hallo, lieber Papa.*«

Der Schemen

Ich kenne diesen Mann schon seit Jahren.

Ich weiß nicht, wie er heißt, treffe ihn aber öfter bei meinen Streifzügen durch die Stadt.

Er ist in den Fünfzigern, ein hoch aufgeschossener Herr mit einem schlammfarbenen Schnurrbart und einer Brille.

Der gute alte Johan Kievit hätte geschrieben, »der Schnitt seiner Kleidung verrät, dass er zum Adelsstand gehört«, denn der Mann trägt hübsche Anzüge, die ein wenig verlottert aussehen, weil sie nicht gepflegt werden. Abends zieht er sie aus und schmeißt sie wohl auf den Boden neben sein Bett, das sieht man ihnen an.

Vormittags gegen elf kommt er, wie es einer unserer Kabarettisten nennt, ausgeschnauft in die Kneipe, setzt sich, schlägt die Beine übereinander, und dann sieht man, dass er meist zwei verschiedene Socken trägt. Er hat, das ist ganz augenscheinlich, keine Frau. Und er hat einen Kater wie einen Königstiger, das steht ebenfalls fest. Während er sich in der Pose eines Mannes hinter der Morgenzeitung verschanzt, der mit einer etwas zu pathetischen Aufmerksamkeit liest, bestellt er einen

Sherry. Die Bestellung lässt er beiläufig fallen, und wenn das Glas vor ihm steht, trinkt er nicht sofort. Er tut so, als würde er es nicht sehen. Erst nach einem Weilchen spielt er seinem Publikum vor, dass er es bemerkt hat, und führt es dann mit der gelangweilten Handbewegung eines Menschen, der denkt: »Da nehme ich doch mal ein Schlückchen, wenn es nun schon mal da steht«, an die Lippen. Bald darauf höre ich: »Ach Kellner, gib mir noch so ein Stöffchen …«

Er hat eine ausschankerprobte Säuferstimme. Das zweite Glas kommt und das dritte. Dann braucht er die Zeitung nicht mehr. Er lehnt sich entspannt nach hinten. Sein Ego ist auferstanden, und der Tag beginnt.

Ein geschäftiger Tag eigentlich.

Denn ein Trinker hat mehr zu tun, als man glaubt.

Er ist dauernd auf dem Weg zu einem Platz, an dem ihn vollkommenes Wohlbehagen erwartet. Manchmal sehe ich den Mann in einer Kneipe am Fenster sitzen und heiter auf ein Boot in der Gracht schauen, das gerade entladen wird. Es geht ihm gut. Ein andermal marschiert er militärischen Schrittes über die Geldersekade, äußerst zielgerichtet und mit einem breiten Grinsen auf den Lippen, die, in beständiger Bewegung, augenscheinlich amüsante Dinge erzählen. Er ist dann sehr glücklich. Ich habe ihn auch schon mal ganz allein in einer teuren Bar gefunden, wo eine Flasche im Kühler auf dem Tisch stand und er hingerissen einer mittelmäßigen Kapelle zuhörte. Die Kellner lachen hinter seinem Rücken. Er ist so aus der Zeit gefallen. Ein Bonvivant mit altmodischer Eleganz und einem allerletzten Rest an Manieren.

Eine Sozialarbeiterin würde ihn in zehn getippten Zeilen abtun.

Aber das sind auch solch stubenreine Mädchen.

Ich meinerseits habe eine Schwäche für ihn, weil er etwas aus seinem Leben macht. Was ich ihm hoch anrechne, ist sein unerschütterliches Verlangen, sich auf Erden zu amüsieren. Vernünftigen Leuten sagt seine Methode offenbar nichts, aber die haben auch selten Spaß. Sie haben nur recht: Was für ein armseliger Triumph. Auf gesellschaftlicher Ebene hat er niemals recht, aber es gibt öfter Augenblicke, in denen ihm das Leben sichtlich gefällt.

Jedenfalls findet er Gefallen an seiner umherirrenden Scheingestalt, die er jeden Morgen mit beharrlichem Eifer aus seiner eigenen Asche auferstehen lässt.

So ein Leben bleibt spannend, weil es aus jedem Tag ein Abenteuer macht, das man bestehen kann.

Die angepasste Welt sieht in alldem nur sinnlose Monotonie. Aber er hat sein Elf-Uhr-Problem gegen zwei meist im Griff. Und wer kann das schon von seinem eigenen sagen? Es ist sein beinharter Trick, dass er sich jeden Tag einen Mangel erzeugt, der ausgeglichen werden kann. Sein Leben dauert für ihn immer nur vierundzwanzig Stunden. Dann wird er aufs Neue geboren.

Und wenn zum Nachmittag hin sein Sommer angebrochen ist, lacht er uns an der Theke aus, wenn wir in unserem lebenslangen Herbst vorbeigeschlurft kommen.

Er hat dann eigentlich doch recht.

Aber er legt keinen Wert darauf.

Herbe Schönheit

Meine Frau war abends zu Besuch bei einer Freundin, und da ich die Mentalität des Buben, der, allein zu Hause, sofort anfängt, sich über die Keksdose herzumachen, nie ganz überwunden habe, zog ich meinen Mantel an und verließ das Haus, um meine Glosse in der Kneipe zu schreiben. Ich entschied mich für eine, in der ich noch nie gewesen war, einen kleinen, schummrigen Schuppen, der gerade auf die richtige Weise hässlich war. Es gab nur zwei Gäste, einen kleinen Mann mit einem Regenmantel, der sein Spiegelbild über dem Schanktisch anstarrte, als würde er fernsehen, und einen mürrischen Riesen mit einer Ledermütze auf dem Kopf, wie sie sie bei der Stadtreinigung tragen. Der Wirt, ein dicker, zögerlich wirkender Mann um die fünfzig, redete gerade auf ihn ein, als ich hereinkam. Er sagte: »Nimm zum Beispiel den Kronleuchter, den ich hier hängen habe. Da sind schon wieder zwei Birnen kaputt. Siehst du, da links. Zwei. Weißt du, wann ich die reingedreht habe?« Er wartete auf eine Schätzung. Doch der Riese hatte keine Lust zu raten. Er zeigte nur auf sein Glas. Der Wirt machte es voll und sagte: »Erst vor fünf Wochen habe ich sie reingedreht. Da gibt es die großen Konzerne, Kees. Wenn die wollen, können sie eine Birne herstellen, die ewig brennt. Aber nein, sie pfuschen sie absichtlich so hin, dass man nach fünf Wochen neue kaufen muss, einfach, um dich in Unkosten zu stürzen. Das ist doch kriminell, oder?« Er sah den Mann Beifall heischend an. Der trank seinen letzten Schluck, legte das Geld hin und fragte ungerührt: »Schenkst du mir etwa einen Schnaps ein, von dem ich drei Monate trinken kann?«

»Das ist was anderes«, sagte der Wirt. »Ich bin ein kleiner Selbstständiger.«

Der andere tippte an seine Ledermütze und ging. Trübsinnig blickte der Wirt auf seinen Kronleuchter und stellte fest: »Alles Dirigismus.«

Das Wort blieb einen Moment hängen wie in die Luft geschrieben. Der Wirt blickte in meine Richtung, sah, dass ich schrieb, und strich mich als Gesprächspartner. Dann wagte er einen Blick auf den vor sich hinstarrenden Mann im Regenmantel. Dieser verbreitete eine so miesepetrige Einsamkeit, dass der Wirt zögerte und ärgerlich fragte: »Willst du keine Zeitung lesen oder so was?« Der Mann schüttelte den Kopf, worauf der Wirt es aufgab und sich erschöpft auf einen Stuhl setzte. Eine seltsame Stille setzte ein. Wir waren plötzlich keine Kneipe mehr, sondern ein Raum mit drei fremden Männern. Ganz langsam drehte der Einsame seinen Kopf in meine Richtung und sagte: »Krebs und Typhus – davor haben sie Respekt.«

Er sah mich mit kindlich runden Augen an, von denen eines ein wenig schief stand, sodass sein sanftes Gesicht permanent den Ausdruck gelinden Entsetzens zeigte. Sein kühner Satz hatte die Stille aufgerissen wie eine Straße. Der Wirt und ich, wir saßen beide gespannt da und warteten auf den Rest.

»Und Tbc, das halten sie auch noch für ziemlich schlimm«, sagte er. »Aber einen Geisteskranken, darüber lachen sie. Ich bin nun einmal geisteskrank. Oh, nicht schlimm, keine Angst! Aber nervös. Ja, nervös.«

Er rieb sich über die Wange und lächelte hilflos. Bestimmt war er ganz nett, glaube ich. Langsam fuhr die Kamera auf sein trauriges Gesicht, und ich hörte seine Stimme, er formulierte behutsam, wie einer, der keine Schwierigkeiten machen will. »Ich arbeite in einer Fabrik, und da läuft den ganzen Tag das Radio. Hin und wieder mal ein Liedchen, das finde ich ja nett. Um mitzusummen oder zu pfeifen. Aber den ganzen Tag! Voll aufgedreht, das macht mich so verdammt nervös. Und dann sage ich: ›Leute, da ist gerade eine Frau im Radio, die was vom Kochen erzählt, und ihr hört nicht zu, also macht es doch einfach aus!‹ Aber dann lachen sie mich aus. Oder sie werden böse. Und dann sage ich: ›Gut, gehe ich eben.‹ Aber ich kann doch nicht so einfach, so Knall auf Fall …«

Er schüttelte verzweifelt den Kopf. Der Wirt sagte beschwichtigend: »Viel taugt es nicht, was sie da im Radio bringen.«

Ich zahlte. Die Kamera fuhr zur Tür. Draußen in der dunklen Gracht leuchteten die kraftlos flackernden Straßenlaternen.

Amsterdam war schön, von herber Schönheit.

Für etwas gut sein

In der Kneipe sprachen sie in dem lockeren Plauderton, der sich nach einigen Gläsern einstellt, über Frans. Er war ins Krankenhaus gekommen.

»Vollkommen hinüber«, sagte ein beträchtlich kahlköpfiger Mann, der ganz in mit Lederborten besetzten Drillich gekleidet war. »Er erkennt seine eigene Frau nicht mehr.«

Es wurde mit einem Mitleid genickt, das jedoch unverkennbar einen Haken hatte.

»Er hat es aber auch zu toll getrieben, der Frans ...«, fügte ein anderer Mann bei. »Dreißig, vierzig junge Klare am Tag und dann noch an die zwanzig Biere gegen den Durst – das muss ja auf die Dauer danebengehen. Ganz schön dumm. Hör mal, ich mag meinen Schnaps auch. Aber ich kenne mein Maß.«

Die anderen pflichteten ihm eifrig bei. Zufällig kannten sie alle ihr Maß. Und sie sahen es nicht gern, wenn jemand über die Stränge schlug. Während die Gläser regelmäßig gefüllt wurden, plätscherte die Unterhaltung angeregt dahin – immer weiter über Frans, der nach jahrelangem, schweigsamem Suff nun plötzlich von Bord des grauen Daseins gefallen war. Man sprach von ihm schon in der Vergangenheitsform, und es kam kein freundliches Wort auf seinen verfrühten Grabstein. Denn wenn man scheinheilige Reden über Alkoholmissbrauch hören will, muss man in die Kneipe gehen.

Der Wirt, der sich auf schweigsame Keulenübungen mit der Schnapsflasche zurückgezogen hatte, sagte schließlich: »Ach, Frans war ein schwermütiger Mensch.«

Sein Beitrag zum Gedankenaustausch wurde ohne Debatte zu Protokoll genommen.

»In solchen Firmen gibt es mehr davon«, fuhr er fort. »Vor Jahren kam hier einer vorbei, der hatte das auch. Der war bei der Post. Nicht, dass er Briefe ausgetragen hätte, er saß im Büro. Gute Stelle. Und ein anständiger Kerl. Hat nie Probleme gemacht. Aber schwermütig.«

Jemand machte eine Daumenbewegung, und der Wirt füllte drei Gläser.

»Der Mann kam jeden Tag her«, sagte er. »Nachmittags gegen drei fing er an, sich die Kante zu geben, und das ging so weiter bis halb acht. Und dann ging er essen. Denn gegessen hat er schon noch. Es gibt ja welche, die nichts mehr essen. Jenever ist ja nahrhaft. Alles Getreide, wenn du also ein paar Stunden lang trinkst, isst du einen Korb mit Brötchen leer. Aber er hat trotzdem gegessen. Echt wahr. Du hast in diesem Gewerbe auch welche, die den großen Esser raushängen lassen, aber nichts essen. Er schon. Das hat mir seine Frau selbst erzählt.«

Das Thema Essen hatte eine gewisse Unruhe unter die Stammgäste gebracht, aber der Wirt achtete nicht darauf und fuhr fort: »Der Kerl hat nie etwas gesagt, wenn er hier gestanden hat, genau wie Frans. Aber er hatte eine fixe Idee. Er wollte sich aufhängen. Warum, weiß ich nicht. Er hatte eine hübsche Beamtenpension, er wohnte schön, und seine Kinder waren anständig untergekommen – aber na ja, ich glaube, das Leben machte ihm keine Freude. Es gibt solche Leute. Nun denn, an einem Samstagnachmittag geht seine Frau einkaufen, aber sie hat ihr Portemonnaie vergessen. Sie wieder zurück nach Hause. Als sie in die Küche kommt, steht er da auf einem Stuhl mit einem Strick um den Hals. Na, sie ist natürlich völlig aus dem Häuschen. Sie sagt: ›Kees, warum willst du das tun?‹ Und sie spricht mit ihm über das Leben und dass er doch eigentlich nichts zu meckern hat. Gut, er lässt sich überreden und räumt den Strick wieder weg. Weil Samstag war und er da immer ins Badehaus geht, gibt sie ihm also sein Handtuch und frische Sachen und sagt: ›Kees, geh du jetzt mal schön baden, dann mach ich meine Einkäufe.‹ Und er los. Zum Badehaus. Er nimmt für vierzig Cent ein Wannenbad. Er geht in die Kabine. Er macht die Tür zu. Und er hängt sich auf.«

Der Wirt machte eine hilflose Handbewegung. Ich sah den Mann vor meinem geistigen Auge baumeln – ein unglücklicher Kerl, der sich noch nicht einmal in seinem eigenen Haus aufhängen konnte. Das ist wirklich Mangel an Privatsphäre.

»Gegen Niedergeschlagenheit ist kein Kraut gewachsen«, schlussfolgerte der Wirt.

»Na ja, Frans mag schwermütig gewesen sein, aber er hat es schon einen Tick zu toll getrieben«, fand ein Mann und nahm den alten Faden wieder auf. »Nehmen wir beispielsweise mal mich. Vor nachmittags um fünf wirst du mich nie …«

Das Gespräch ging noch lange so weiter. Zum ersten Mal in seinem Leben schien Frans für etwas gut zu sein.

Gerda

Gerda ist gestorben. Sie hat jahrelang eine Kneipe in der Nähe des Jordaan betrieben, eine trübe Spelunke, die sie mit ihrem Lächeln beseelte. Sie sah Asta Nielsen ähnlich, hatte aber üppigere Formen und ein sanfteres Wesen. Ihre Jugend hatte sie dem leichten Leben geopfert, bis Koos, einer ihrer Kunden, mit ihr zum Standesamt musste. Koos war Sohn eines Notars, der nicht hatte aufpassen wollen, sodass ihm sein Vater, mit seinem Latein am Ende, diese Kneipe gekauft hatte. Der Laden kam seiner natürlichen Begabung in höchstem Maße entgegen, denn er begann schon früh um neun mit dem Trinken und machte damit weiter, bis ihm Gerda abends die Stiege hinaufhalf. Da er ein übermäßig ausgelassenes Trinkverhalten an den Tag legte, war er bei den Stammkunden nicht gut gelitten, die den Alkohol introvertiert genossen. Aber sie kamen trotzdem jeden Tag, weil fast ausnahmslos alle in Gerda verliebt waren, die alles hatte, um in dieser bösen Welt Mutterstatt zu vertreten. Da ihr aus ihren sündigen Jahren nur die Überzeugung geblieben war, dass alle Männer Trottel sind, die man wie Haustiere behandeln sollte, ließ sie die Gefühle der Stammkunden nie überborden. Für die war es schon viel, überhaupt mit ihr reden zu dürfen: endlose Monologe mit einer Cellopartie aus Selbstmitleid, die sie sich in ihrer unerschöpflichen Geduld mit einem Lächeln um die Lippen anhörte, weil all das Gequassel jedes Mal wieder ihr durch nichts mehr zu erschütterndes Konzept des Phänomens Mann bestätigte.

An einem stillen Abend stand einmal ein kleiner, unscheinbarer Kerl, der nicht zum festen Kreis gehörte, im Zustand alkoholisierter Nachdenklichkeit an ihrer Theke. Plötzlich sagte er: »Und jetzt denken sie wohl, dass ich ein Nichts bin, oder? Das denken sie. Oder? Aber neulich wurde ein Foto unseres Kartenspielklubs geschossen. Und hör mal, da bin ich drauf. Ganz vorne stehe ich!« Die letzten Worte schrie er triumphierend heraus, zitternd vor Erregung.

Gerda sagte mit leiser Stimme: »Sie also sind mehr ein Vereinsmensch …«

Der Kerl war sofort still und nickte wie ein Kind, das eine Belobigung bekommt. Ein kräftiger Bauunternehmer, der die gefährliche Angewohnheit hatte, nach einem guten Geschäft mit acht oder zehn Mille in der Tasche die Kneipen abzuklappern, um mit seiner Brieftasche herumzuprotzen, kam, wenn er sternhagelvoll war, immer zu Gerda, um sich das Geld noch gerade rechtzeitig, wenn auch nicht ohne Sträuben, abnehmen zu lassen.

»Gib her«, sagte sie dann, »ich habe schon ganz andere aus den Latschen kippen sehen.«

Am nächsten Morgen, blass und ramponiert, holte er es wieder ab.

Sie regierte die Kneipe mit wenigen Worten, obwohl es dort manchmal turbulent zuging. Das vornehmlichste Durcheinander verursachte Koos, ihr Mann. Er war ein hochgewachsener, ausgemergelter Typ mit dem Blick eines Ertrinkenden, der kurz davorsteht, von einem nachtschwarzen Ozean verschlungen zu werden. Obwohl er permanent blau war, sah er immer besonders korrekt aus, denn er gehörte zu der Spezies Alkoholiker, die ihre äußere Erscheinung zu einer Sache des Prinzips gemacht haben. In einem vortrefflichen Maßanzug schwirrte er abends durch die Kneipe und streute, durch den Alkohol gelöst, provozierende Witze in die Runde, die den Keim eines Schlamassels in sich bargen.

»Nein, Koos«, sagte Gerda manchmal. Dann wurde er zahm. Aber wenn sie schärfer wurde und »Lass das, Koos« sagte, war er gekränkt, schob ein glänzendes Fahrrad wie ein Rassepferd auf die Straße und fuhr mit unbekanntem Ziel davon. Eine Viertelstunde später hatte er sich jedoch beruhigt und kam zurück.

Koos hatte nicht nur eine anständige Frau, sondern auch eine Mutter aus ihr gemacht. Ihr Sohn, ein dürrer Adoleszent mit roten Locken, war ihr einziger wunder Punkt. Er kam schon mal hinter die Theke und trank dann ostentativ ein Glas klares Leitungswasser. Die Stammkunden sahen es mit Wohlgefallen. Sie hatten ihren Spaß daran.

»Sehr vernünftig«, sagten sie. »Lass den Schnaps mal sein.«

Sie selbst taten es natürlich nicht, aber sie konnten zufälligerweise ja auch damit umgehen. Gerda sah den Jungen mit strahlenden Augen an und war ihm schutzlos ausgeliefert. In solchen Augenblicken war es, als würde man im Hintergrund den dumpfen Trommelwirbel des Schicksals hören.

Gleich, nachdem Koos gestorben war, hatte sie die Kneipe verkauft und war nach Nieuw-West gezogen. Sie hatte die Nase von uns wohl gestrichen voll. Später sah ich sie noch einmal in der Straßenbahn, alt geworden und mit ruhelosen Augen.

»Ich werde verrückt da in diesem Vogelkäfig«, sagte sie.

Sie hatte eigentlich wieder ein Geschäft aufmachen wollen, aber das geht jetzt nicht mehr. Den rothaarigen Jungen sehe ich gelegentlich mit dem Fahrrad durch die Stadt radeln, würdig und mit einer bewussten Achtsamkeit, die er, zerbrechlich wie ein Taubenei, durch das Leben transportiert. Und dann höre ich diesen dumpfen Trommelwirbel wieder.

Kundschaft

Die Kneipe wurde von einer Frau in den Fünfzigern bewirtschaftet, die aussah, als wäre sie überall lieber als hier – im Knast, in der Hölle, sonst wo. Schweigend schenkte sie die Gläser voll, und als ein alter, fahriger Kerl, der heute schon viele Türen aufgemacht hatte, hereingetrottet kam und stehen blieb, um seinen Zustand von ihr auf die eventuelle Möglichkeit zu weiterem Amüsement abschätzen zu lassen, schüttelte sie nur den Kopf. Er drehte sich folgsam um die eigene Achse und stieß auf dem Rückweg mit einem Paar zusammen, das gerade hereinkam. Die beiden machten davon kein Gewese und setzten sich neben mich an die Theke.

»Zwei Cognac mit Zucker«, sagte der Mann. Er war ein kräftiger Fünfziger, nicht wirklich hässlich, aber die Natur hatte seine Nase zu einer dunkelroten Erdbeere verformt, unter der sein Mund einen schmerzlichen Strich bildete. Die Frau hatte sich eigens zu dem Anlass aufgeputzt, sie trug Ohrringe und einen kleinen Hut, den sie besser im Laden gelassen hätte. Sie holte eine Zigarette aus ihrer Tasche, und da ich auch gerade dabei war, mir eine anzuzünden, hielt ich ihr das Streichholz hin.

»Oh, herzlichen Dank, Mijnheer«, sagte sie.

Der Mann hatte die Szene missmutig beobachtet. Jetzt wandte er sich der Wirtin zu und fragte, mit einer Handbewegung zu den unangerührten Schnapsgläsern hin: »Was kostet das?«

»Zwei Gulden zehn, Mijnheer!«

Er legte das Geld auf die Theke und verließ ohne ein Wort die Kneipe.

»Was soll denn das werden?«, fragte die Wirtin.

»Nun, das ist wegen dem Herrn hier«, sagte das Fräulein nicht ohne Koketterie, »weil Mijnheer mir Feuer gegeben hat. Jetzt ist er eifersüchtig. Den sehe ich heute nicht wieder. So ist er halt.«

Die Frau hinter der Theke nickte mit einem gewissen Respekt und sagte: »Ach, wie schön für Sie, in Ihrem Alter. Dass ein Mann da noch so sein kann …«

»Ja, aber das ist nicht mein Mann«, sagte die Frau. »Er ist einer meiner Kunden, ein langjähriger Kunde. Alle vierzehn Tage kommt er extra wegen mir aus Groningen.«

Die Wirtin lachte höhnisch und fand: »Was man auf Abstand hält, bleibt frisch. Als wenn man da nichts hätte!«

»Da halte ich mich raus«, antwortete die Frau. »Der Mann hat nun mal eine Vorliebe für mich. Und er ist ein Herr! Ein gebildeter Mensch. Bauunternehmer. Er hat stattliche Häuser errichtet. Und mich behandelt er immer wie eine anständige Frau. Er kommt morgens mit dem Zug hierher, kauft Blumen und Schokoladen-kuchen, und damit kommt er dann angekleckert. Und das Erste, was er macht, ist, mir meinen Obolus zu geben. Da muss ich mir dann nicht den Kopf drüber zerbrechen. Dann trinken wir nett zusammen Kaffee und essen Kuchen. Und ich erzähle irgendwas. Er nicht. Er redet im Allgemeinen nicht viel. Ich weiß nicht, der Mann ist eher eine grüblerische Natur. Nun denn, wenn der Kaffee alle ist, gehen wir zusammen in die Stadt. Und dann kauft er mir hin und wieder was. Einen Pullover. Oder ein Paar Handschuhe. Neulich habe ich einen hübschen Schirm von ihm bekommen. So einen hellblauen, wissen Sie, ich habe ihn jetzt nicht dabei, weil es nicht nach Regen aussah. Aber einen schönen und sehr stabil. Nun denn, wir trinken hier und da ein Gläschen und essen einen Happen, und dann gehen wir zurück zu mir nach Hause.«

Die Wirtin hing über dem Tresen, hörte gespannt zu und nickte verständnisvoll.

»Ja, und dann, werden Sie denken – aber nein«, fuhr die Frau fort, »das ist nun gerade das Sonderbare an diesem Mann. Wenn wir dann zu Hause sind, ist es immer das Gleiche. Ich habe ein bisschen was im Schrank, also schenk ich ihm noch einen Schnaps ein, und er setzt sich auf den Lehnstuhl am Fenster und fängt an zu reden. Endlich fängt er an zu reden. Nun ist der Mann Witwer. Nein, nicht erst seit Kurzem. Er ist schon seit elf Jahren Witwer. Aber seine Frau, auf die hält er noch immer große Stücke. Eine gewisse Anna. Und über die redet er dann. Anna hat dies gemacht und jenes, ich habe die gute Frau nie gesehen, aber nach all den Jahren könnte ich sie Ihnen aufmalen. Und ich sitze mucksmäuschenstill da und gebe ihm recht, denn ich weiß genau, worauf es hinausläuft. Irgendwann fängt er an zu weinen. Und nicht nur ein bisschen. Nein, er weint die ganze Zeit …«

»Jesses – und was machen Sie dann?«, fragte die Wirtin atemlos.

»Ich? Nichts«, rief die Frau. »Was soll ich denn machen? Schließlich heult er auf eigene Kosten. Ich warte einfach, bis er sich ausgeflennt hat, und dann gebe ich ihm seinen Mantel, und er geht zum Bahnhof.«

Sie hatte, während sie erzählte, die beiden Cognacs ausgetrunken und stand auf. Als die Tür hinter ihrer schmalen Gestalt zufiel, sagte die Wirtin nachdenklich: »Den ganzen Weg von Groningen …«

Auf der Suche

Abends um neun klingelte das Telefon. Frau van Dijk erhob sich aus dem Sessel, in dem sie gesessen und gestickt hatte, und ging eiligen Schritts zum Apparat.

»Ja, hier ist Henk – wie er leibt und lebt«, hörte sie.

»Ah, Gott sei Dank, dass du anrufst«, sagte sie mit einem Seufzer, »ich war schon so in Sorge.«

»Ach, Unsinn«, sagte er. »Ich habe Leute getroffen. Ich musste reden. Da vergisst man die Zeit. Du weißt, die Geselligkeit …«

An seiner Stimme hörte sie, dass es wieder so weit war.

»Kommst du nach Hause?«, fragte sie.

»Ja, gleich.«

»Hör mal, Henk«, sagte sie behutsam, »ich will kein Spielverderber sein, aber du weißt, was der Doktor gesagt hat. Du, in deinem Alter …«

»Och, mecker jetzt nicht rum«, rief er gereizt.

»Henk, dein Herz …«

Die Verbindung wurde unterbrochen.

»Denk doch an dein Herz, Henk«, sagte sie traurig ins Nichts hinein. Sie legte den Hörer wieder auf den Apparat, ging zum Sessel und sah auf ihre Stickerei.

»Ach was, ich werde ihn suchen gehen«, sagte sie plötzlich entschlossen.

Vor dem Flurspiegel setzte sie ihren Hut auf die grauen Haare und zog den dunklen Mantel mit dem Pelzkragen an. So stand sie kurz darauf auf der Straße — eine ordentliche, zierliche Oma, die von einem Besuch heimkommt.

Wahrscheinlich war er am Plein, denn an gesprächigen Abenden hatte er ihr erzählt, wie lustig es da zuging und welche Läden die nettesten waren. Sie fuhr mit der Straßenbahn hin.

Henk war immer ein bisschen schwierig gewesen, aber in letzter Zeit war es schlimmer geworden. Sie verstand das schon. Er konnte es nicht verwinden, dass sie ihn aus der Geschäftsführung der Fabrik herausmanövriert hatten, oh, ganz höflich natürlich, mit einer Würdigung und einer fürstlichen Abfindung, aber Tatsache war, dass man ihn entlassen hatte. Männer ... dachte sie ein bisschen mitleidig, immer müssen sie Chef spielen und etwas erschaffen, das die Jahrhunderte überdauert, und sei es nur so eine schaurige Fabrik. Wenn sie doch einfach nur leben könnten.

Mit einem Lächeln stieg sie aus der Straßenbahn. Es hatte heftig angefangen zu regnen, und sie hatte keinen Schirm. Der Schleier ihres Hutes wurde nass und begann herunterzuhängen.

Ich sehe aus wie eine Vogelscheuche, dachte sie, als sie über den Plein ging.

In der ersten Kneipe war er nicht, in der zweiten ebenso wenig. Aber sie kannte noch eine, in die er hin und wieder auch ging. Dann mal einen Schritt zulegen. Ja, hier. Vor Nässe tropfend, ging sie hinein. Es war ein kleiner, aufgedonnerter Laden. Hinter der Theke stand eine dicke Frau mit rotem Haar, und auf einem Barhocker saß eine üppig geschminkte Dame. Sonst war niemand da.

»Oh, ich sehe schon«, sagte Frau van Dijk, »ich suche eigentlich jemanden …«

»Sicher deinen Kerl«, erriet die Wirtin.

»Ja, aber – na, dann gehe ich mal wieder.«

Sie drehte sich zur Tür um.

»Mensch, es gießt wie aus Eimern«, rief die Dame auf dem Barhocker. »Setz dich doch einen Moment hin.«

Sie zögerte.

»Ist vielleicht ganz vernünftig«, sagte sie.

Als sie auch auf einen Hocker geklettert war, nahm die Wirtin ein Glas und schenkte etwas Grünes ein.

»Haben Sie keinen Kaffee?«, fragte Frau van Dijk.

»Trink mal aus. Ist lecker.«

Sie nahm ein vorsichtiges Schlückchen, das angenehm wärmte.

»Männer«, sagte die Dame auf dem Hocker neben ihr. »Ich werd dir mal was sagen. Ich steh seit zwanzig Jahren im Leben, aber Männer – bah! Ich kann sie nicht ausstehen. Es ist mein Lebensunterhalt, weißt du, aber für mich sind es Scheusale, alle.«

»Na ja …«, protestierte sie lächelnd.

»Ich heiße Miep«, sagte die Dame. »Und trink mal aus. Dann spendiere ich dir einen. Es ist doch eh wieder den ganzen Abend zur allgemeinen Ausgabenkürzung geblasen. Der Regierung sollte man wohin treten.«

Das zweite Glas schmeckte noch besser.

»Zieh den Mantel aus, sonst ist es dir draußen gleich doppelt so kalt«, sagte die Dame mütterlich. »Dein Kerl sitzt ganz sicher irgendwo im Trockenen.«

»Ach, wissen Sie, er ist nicht schlecht«, sagte Frau van Dijk, »er ist schwach.«

»Das sind sie alle«, sagte die Wirtin in schneidendem Ton. »Oh, wie schwach sie sind. Schwach … Für mich ist das ein anderes Wort für Herumtreiber.« Sie hob das Glas. »Prösterchen«, rief sie, »wenn man nur seinen Spaß hat.«

Sie drückte einen Knopf, und es setzte eine süße Schmusemusik ein.

Frau van Dijk hörte ihr ein bisschen dösig zu.

»Darf ich den Damen jetzt auch einmal etwas anbieten?«, fragte sie endlich.

»Ich heiße Elly«, sagte die Wirtin.

»Und ich Adèle«, sagte Frau van Dijk entschuldigend.

»Na, dafür kannst du ja nichts«, fand die Dame neben ihr.

Lächelnd sah Frau van Dijk zu, wie die Gläser wieder gefüllt wurden.

Sie fand es sehr gemütlich.

Tagtraum

Während er sprach, setzte der Direktor seine Brille ab und strich müde über seine blassblauen und wässrigen Augen.

»Es ist nicht nötig, noch einmal daran zu erinnern«, sagte er mit heiserer Altherrenstimme, »dass ich Sie hier ausschließlich und allein auf Drängen meines guten Freundes, des Pfarrers Daals, eingestellt habe, der Ihnen, nach allem, was vorgefallen ist, eine neue Chance geben wollte. Gut, ich habe meiner Christenpflicht Genüge getan. Aber dann darf ich von Ihnen doch zumindest erwarten, dass Sie ein wenig Eifer und etwas Hingabe zeigen. Und Ihr direkter Vorgesetzter, Herr Broekemeyer, ist – und jetzt drücke ich mich vorsichtig aus – mit Ihren Leistungen bestimmt nicht immer zufrieden.«

»Ja, ich habe mich in der letzten Zeit nicht so gut gefühlt«, antwortete der Mann nervös.

Der Direktor stand auf.

»Wenn Sie krank sind, müssen Sie zum Arzt gehen«, sagte er kühl. »Aber, äh – ich frage mich manchmal, ob Ihr Lebenswandel besonders vernünftig ist. Verstehen Sie mich recht, es geht mich nichts an, was Sie in

Ihrer Freizeit machen. Aber Sie müssen schon dafür sorgen, dass Sie in der Lage sind, Ihre Arbeit ordentlich zu erledigen.«

Die Sekretärin kam mit dem Korrespondenzbuch herein.

»Unsere Geduld hat Grenzen«, sagte der Direktor matt und deutete mit einer beiläufigen Geste an, dass die Unterredung zu Ende war.

Bald darauf stand der Mann auf der Straße. Es war Viertel nach fünf, und die Stadt hüllte sich in eine neblige Dunkelheit.

Er schmeißt mich raus, dachte er bedrückt, er hat längst genug von seiner Christenpflicht. Allerdings stimmt es, ich verdöse tatsächlich die Vormittage. Und ich mache einen Fehler nach dem anderen.

In einer engen Straße blieb er vor einer kleinen Kneipe stehen.

»Ich frage mich, ob Ihr Lebenswandel besonders vernünftig ist«, äffte er den Direktor grinsend nach und trat ein. Die Kneipe hieß »Bei Koos«, wurde aber im Viertel nur »Der Mülleimer« genannt, weil ausschließlich Männer, die aufs Abstellgleis geraten waren, sowie ein paar alte Prostituierte hier verkehrten. Wenn man ein Glas vor sich hatte, musste man gut aufpassen, denn sobald man nur den Kopf drehte, trank es jemand aus – das war Brauch des Hauses.

»Ha, der Koos«, rief der Mann einem dicken Riesen mit stark gerötetem Gesicht hinter der Theke zu.

»Tag, Onkel Henk«, antwortete der Wirt und kniff die Augen zärtlich zu.

Noch bevor er das Glas berührt hatte, spürte der Mann eine gewisse Entspannung. Er liebte diesen warmen, verrauchten Saustall, in dem derart unzusammenhängendes Zeug geredet wurde, dass es ihn manchmal an ein Heim für Psychopathen erinnerte. Doch gerade das zog ihn an. Auch wenn er anderthalb Jahre wegen Unterschlagung gesessen hatte, und selbst wenn er nun, als Mann in den Fünfzigern, einem alten Heuchler, der seine Christenpflicht tat, völlig ausgeliefert war – hier fühlte er sich immer noch als der Überlegene, weil die anderen noch heruntergekommener waren als er.

»Noch einen, Koos!«

Das zweite Glas fegte seinen Trübsinn hinweg und ließ seine Fantasie aufblühen. Er würde erst seinen Lohn holen und dann einfach wegbleiben. Mit dem Geld würde er nach Knokke fahren. Er sah sich schon den Spielsaal betreten. Sie kannten ihn da noch von früher. Aber jetzt würde er vorsichtiger sein. Am Anfang tausend Francs auf die Sechzehn. Die Kugel rollte und landete auf der Sechzehn. Das waren sechsunddreißig Mille. Die Hälfte davon auf Rot. Rot gewann. Das verdoppelte den Einsatz. Jetzt einen Moment warten. Die gewonnenen Jetons fein säuberlich aufstapeln. Das Spiel beobachten. Und dann, nach einer Eingebung, fünftausend auf einen Schlag auf die Acht. Ruhig, ruhig, er hatte alle Zeit der Welt. Er ging an die

Bar, etwas trinken. François erkannte ihn und erinnerte sich sogar noch an seinen Lieblingscocktail. »Ach ja, François …« Er blieb an der Bar stehen, bis die Inspiration wieder über ihn kam. Einundzwanzig – aber jetzt gleich. Er konnte gerade noch setzen. Die Einundzwanzig gewann …

Der Mann lächelte.

»Onkel Henk hat Spaß«, rief Koos, »der denkt an ein Betthäschen.«

Der Mann zeigte, dass sein Glas gefüllt werden sollte.

Zwei Uhr nachts wechselte er die Spielmarken ein. In holländischem Geld hatte er ungefähr zweiundfünfzigtausend Gulden gewonnen. Schwer über die Grenze zu kriegen? Ach, er war schlau. Für ein paar Zehner mischte er sich unter eine holländische Reisegesellschaft und fuhr mit dem Bus unbehelligt zurück nach Amsterdam. Die Zöllner schauten nicht mal nach. Die erwarteten bestimmt nicht, dass zwischen den Tagesausflüglern einer mit einem Vermögen in der Tasche saß …

»Noch einen, Koos!«

Er würde einen Laden kaufen. Eine Kneipe. Er würde reich werden, sehr reich. Dem alten Heuchler würde er die paar Monatslöhne, begleitet von einem witzigen Brief, zurückschicken: *»Da hat Ihre Christenpflicht Sie wenigstens kein Geld gekostet.«*

Dieses Mal lachte er laut auf.

Er fühlte sich vollkommen glücklich.

Sich lustig machen

Als ich die Kneipe betreten wollte, stieß ich mit dem Wirt zusammen, der gerade nach draußen kam.

»Ich gehe mal kurz zu Piet«, sagte er, »seine Schwester hat angerufen. Er spürt, dass es zu Ende geht, und hat gefragt, ob ich kommen könnte.«

Ich ging mit ihm mit, denn ich kenne Piet auch schon lange. Er ist ein kleiner, leichenblasser Kerl, zerbrechlich wie ein Kolibri, der seine Tage seit Jahren nur noch in der Kneipe verbracht hat. Früher hat er sein Geld als Tapezierer verdient, aber nach dem Tod seiner Frau schmiss er eines Tages den ganzen Kram hin. Diesen historischen Augenblick hat er oft beschrieben. Er war auf dem Wijde Heisteeg, legte in einem Moment plötzlicher Erleuchtung seine zusammengerollten Arbeitsklamotten auf den Boden und sagte: »Fertig.« Dann war er erleichtert weitergegangen und hatte sich für den Rest seines Lebens in dieser Kneipe niedergelassen, in der er im Alkoholdunst langsam seinem Ende zusteuerte.

Oft pflegte er sich mit mir über früher eingenommene Mahlzeiten mit viel Fett und Markknochen zu unterhalten, denn schon lange aß er so gut wie nichts mehr, sondern lebte von den hochwertigen Kalorien, die

Jenever nun einmal enthält. Da sein Ekel vor nahrhaftem Essen ihm unheimlich war, wurde er nicht müde, mir mittags, wenn der Alkohol seine matte Schweigsamkeit vertrieben hatte, umständlich auseinanderzusetzen, dass seine Schwester eigentlich schuld war, denn bei ihr wohnte er in den letzten Jahren.

»Sie kann nicht kochen«, sagte er immer wieder, »darum schmeckt es mir nicht.«

Seit ungefähr einer Woche war er nicht mehr aus dem Bett gekommen, und von da an kamen die Nachrichten über ihn telefonisch von seiner Schwester oder direkt als Augenzeugenberichte des Wirtes, der einem Gast in Not gleichsam wie ein Geistlicher bis zu seinem letzten Stündlein beizustehen pflegt. Mürrisch schweigend schritt er nun neben mir her, ein großer, versoffener Mann. Er ist selbst sein bester Kunde und durchschaut daher die Probleme seiner Gäste bis auf den Boden ihrer Gläser. Ich habe ihn mal ein herumkrakeelendes Pärchen aus der Kneipe entfernen sehen, worauf er mit den Worten zurückkehrte: »Die gehören nicht hierher. Das sind Leute, die zu ihrem Vergnügen trinken.«

Man musste sich die Reihe zerfurchter Gesichter an der Bar nur ansehen, um zu verstehen, dass seine Bemerkung ins Schwarze traf.

»Müssen wir ihm nichts mitbringen?«, fragte ich.

Der Wirt antwortete nicht, machte nur seinen Mantel auf, um die Flasche zu zeigen, die aus der Innentasche hervorragte.

»Du hast doch nicht gedacht, dass er eine Traubenkur machen will?«, fragte er.

Es war in der Tat eine passende Aufmerksamkeit, denn als der Wirt die Flasche schweigend auf das Nachttischchen stellte, spielte ein Lächeln über die Lippen des Leidenden, und er rief sehr lebhaft: »Suze – die Gläser!«

Die Schwester, eine besorgte Frau, zögerte einen Moment, brachte sie dann aber schulterzuckend. Als eingeschenkt worden war, fragte ich: »Und, wie geht es dir?«

»Schlecht«, antwortete Piet, »ich werde sterben. Aber ich nehme ohne Reue Abschied von der Welt.«

Er leerte das Glas und hielt es dem Wirt hin, der es routiniert wieder auffüllte.

»Ich gehe mit Vergnügen«, fuhr er in seinem entspannten Fünf-Uhr-Plauderton fort, »vielleicht verschwinde ich ins Nichts, aber es ist auch möglich, dass nur eine Seite in einem Folianten umgeschlagen wird, der so schwer ist, dass der Mensch sich schon seit Jahrhunderten einen Bruch daran hebt.«

»Prost!«, sagte der Wirt. »Hast du noch was von deinem Sohn gehört?«

»Ja, er stand schon vor der Tür«, antwortete Piet, »er dachte wohl, dass ich bereits hinüber wäre, denn er wollte meine goldene Uhr holen. Aber Suze hat sie ihm nicht gegeben. Da war er sauer. Er wollte nicht mal raufkommen.«

Schweigend schenkte der Wirt noch ein Glas nach. Als wir nach einer Stunde gingen, sah der Patient entschieden frischer aus.

»Und so was nennt sich nun Sterbelager«, sagte der Wirt beleidigt, »ich glaube, der hatte nur Lust auf ein Schlückchen.«

Aber als wir in der Kneipe waren, klingelte das Telefon. Er nahm das Gespräch an, kehrte an die Theke zurück und sagte: »Er ist gestorben. Kurz nachdem wir gegangen waren. Und er hat uns noch eine Nachricht hinterlassen. Er hat gesagt, dass er gern die Kurve kratzt und uns nicht beneidet, dass wir bleiben müssen.«

Es wurde still. Jeder spürte, dass der Verblichene die Beweislast mehr oder minder umgekehrt hatte. Der Wirt brachte unsere Gefühle treffend zum Ausdruck, als er sagte: »Echt Piet. Macht sich noch im Tod über uns lustig.«

Alte Wunden

Kist, den alten Zimmermann, habe ich zum ersten Mal in einer kleinen Kneipe auf der Kattenburg-Insel getroffen. Als ich sie eines Sonntagnachmittags betrat, fand ich ein großes, in eine Prügelei verstricktes Menschenknäuel vor. Bei genauerem Hinsehen zeigte sich, dass eigentlich nur zwei Kampfhähne das Herzstück dieses Durcheinanders bildeten. Der Rest bestand aus Festhaltern, die den Zwist im Keim ersticken wollten und dauernd besorgt riefen, dass man auf die Gläser achten solle. Kist, ein dösiger alter Mann weit in den Achtzigern, saß seelenruhig am Rand dieses brodelnden Kraters und sagte zu mir, um die Sache zu erklären: »Schau, der Knabe da ist Klempner. Ein richtiger Fachmann. Und der andere, der Dicke da, ist ein halber Klempner. Nun hat der Dicke zu dem Jungen gesagt: ›Ich habe dir immerhin das Handwerk beigebracht.‹ Da kriegt man doch die Krätze, oder? Das heißt ja direkt um Schläge betteln.« Er machte eine wegwerfende Handbewegung und nippte an seinem Glas. Von da an haben wir öfter miteinander geredet. Denn man traf ihn jeden Tag in dieser Kneipe. Wenn ihm keiner ein Glas ausgab, schlief er meist, saß dabei aber ordentlich gerade, nicht einmal seinen Rücken lehnte er an. Vor ein paar Jahren war seine Frau gestorben, und seither saß er hier den Rest seines Lebens ab, wie in einem Wartezimmer. »Das bringt doch alles nichts mehr«, sagte er trübsinnig.

»Du solltest nicht so oft hierherkommen«, fand der alte Wirt. »Ich hab es doch selbst auch mitgemacht. Erst denkt man: Da komme ich nie drüber weg. Aber das stimmt nicht. Man muss sich dagegen wehren. Geh mal ins Theater. Habe ich auch getan. Du musst das Vergnügen suchen.« Aber Kist schüttelte den Kopf. Er sah keinen Sinn in Vergnügungen. Etwas anderes, als in der Kneipe unter dem Fluch seiner eigenen Gedanken herumzusitzen oder gelegentlich darüber zu reden, wie früher gezimmert wurde, wollte er nicht mehr. Nur zur Essenszeit trottete er zu seinem Schwager hinüber, auch ein Witwer, bei dem er seit dem Tod seiner Frau die Mahlzeiten einnahm. Aber eines Tages sagte er zu mir: »Ich lebe jetzt im Heim für Obdachlose.« Er lächelte trübe. »Das ist wieder was ganz anderes«, sagte er. »Handwerker gibts da nicht viele. Eher die Jungs, die mit irgendwas von Tür zu Tür gehen. Aber es ist gut da. Der Mann, der es leitet, ist ein sehr guter Mensch. Kommt man rein, wird man erst gewaschen. Am ganzen Körper. Und Decken kannst du auch so viele kriegen, wie du willst. Für zehn Cent kann man sich rasieren lassen. Das macht dann ein Friseur, na ja, kein normaler Friseur, sondern eigentlich eher einer, dem es auch den

Boden unter den Füßen weggezogen hat.« Er lächelte mich an.

»Aber warum sind Sie nicht mehr bei Ihrem Schwager?«, fragte ich.

Sein Gesicht wurde ernst. »Ach, dieser Kerl ...«, sagte er seufzend.

Er nahm andächtig einen Schluck und erklärte es mir.

»Wenn ich nach Hause kam, dann aßen wir, denn er hat gekocht. Gut, ich zahl dafür, jeden Monat. Von meiner Rente und meinen Marken. Aber wenn ich ihm dann gegenübersaß und ein bisschen Pfeffer genommen habe, hättste mal sein Gesicht sehen sollen. Denn das fand er zu teuer, weißt du? Der Pfeffer, der war nur für ihn. Tja, am Anfang hat er nichts gesagt. Aber irgendwann schrie er plötzlich: ›Lass gefälligst deine Pfoten vom Pfeffer!‹ Das hat er geschrien!«

Er sah mich mit einem Blick an, der sagte: Und jetzt du!

»Da bin ich aufgestanden«, fuhr er beinahe feierlich fort, »und hab zu ihm gesagt: ›Frans‹ – denn so heißt er, Frans –, ›Frans, 1903 habe ich volle acht Monate gestreikt. Aber du hast 1903 nicht gestreikt, und das weißt du auch. Du hast dich 1903 von der Bullerei zur Arbeit bringen lassen. Und jetzt willst du hier wegen dem Pfeffer eine dicke Lippe riskieren? Du? Denk du mal lieber an 1903.‹«

Nach diesen Sätzen hatte er seinen Meisterbrief

genommen und war ins Heim für Obdachlose gegangen, die konsequente Tat eines prinzipientreuen Mannes.

»Nicht unbedingt feine Hausgenossen«, sagte er lächelnd. »Aber, na ja …«

Mütterchen

Joops alte Mutter ist gestorben. Sehr traurig.

Nun ja, sie war einundneunzig, und da rechnet man mit der Möglichkeit, dass der Spaß ein Ende haben könnte. Viel Spaß war da übrigens nicht mehr. Sie saß immer drinnen, in dem kleinen, dunklen Haus, mit einer säuerlichen Jungfer, die sie betreute und wie einen Säugling sauber hielt. Joop hat alles bezahlt. Das ist jetzt nicht mehr nötig. Leider.

Lassen Sie mich erzählen, warum. Wenn ich sage, dass Joop Barkeeper ist, bekommen Sie ein falsches Bild, denn bei diesem Wort denkt man an einen fröhlichen Typen, der verdorbene Witze kennt und für die Damen etwas Diskutables in seinen Shaker schüttet. Nein, Joop ist eher ein aufrechter und kleiner Mixer in einer gut gehenden alten Kneipe. Er ist ziemlich stämmig und kahlköpfig und erinnert an ein krankes Nilpferd. Frauen fliegen nicht auf ihn. Er lebt allein in einem alten Haus und hat sich eine Mühle aufs Dach setzen lassen, die aus Windkraft Elektrizität macht – für den Fall, dass es wieder Krieg gibt. Andere entscheiden sich für eine Fernsehantenne. So arbeitet jeder an seiner Zukunft.

Nicht, dass Joop ein Schwarzseher wäre. Das würde ich nicht sagen wollen. Aber er ist der Typ einsamer Wolf und gern Selbstversorger.

Wenn ich ihn nachmittags mit dem beschwerlichen Schritt eines Mannes, der seine Hose in einem Spezialgeschäft für dicke Männer kaufen muss, zur Arbeit schlurfen sehe, beneide ich ihn manchmal. Denn er macht genau das, was er will, und verdient sein Brot damit. Und wer kann das schon von sich sagen?

Was er will, ist, jeden Tag zwölf Schnäpse und eine unbegrenzte Anzahl an Gläsern Bier zu trinken. Und das macht er schon seit über dreißig Jahren in der Kneipe, in der er arbeitet. Der gesellschaftliche Erfolg der meisten Menschen beruht auf einer kleinen, aber guten Idee. Joops Idee war es, sich seine tägliche Ration nicht vor, sondern hinter der Theke zu Gemüte zu führen. Das war äußerst brillant von ihm. Auf Kundenseite wäre er ein schwieriger Fall gewesen, aber durch die Idee, beizeiten einen Meter aufzurücken, sich um seine Längsachse zu drehen, die Flasche aus dem Eis zu ziehen und erst den anderen und dann sich selbst einzuschenken, ist er gesellschaftlich erfolgreich geworden.

Denn er ist als Spitzenkraft hoch angeschrieben – fragen Sie nur alle seine Stammkunden. Er ist nämlich ruhig. Entspannt. Und kein Schwätzer. Er sagt nur das Nötigste. Sein Gesichtsausdruck ist immer gleich – ein bisschen mürrisch, aber nie mit der Botschaft: »Ich wollte, ich wäre zu Hause«. Denn er will nicht zu Hause sein. Er will hier sein und sein Quantum mit meisterlicher Strategie über die acht Arbeitsstunden verteilen.

Jetzt habe ich Ihnen aber noch nicht erzählt, warum das mit seiner alten Mutter so traurig ist.

Ganz selten, wenn es ihm nicht so berauschend geht oder sich der Alkohol nicht gut auswirkt, wird er plötzlich sentimental und fängt an, über sein Leben zu sprechen. Dann sagt er, und sieht mich dabei mit feuchten Augen an: »Wenn ich es nicht für mein altes Mütterchen täte, würde ich nicht hier in dieser dreckigen Raucherhöhle stehen. Dann zöge ich nach draußen. Dann würde ich einen Spaten in den Boden stechen.«

Die Stammkunden nicken dann, auch wenn sie es sich bei Joop nicht vorstellen können. Doch es ist immer gut, nett zu seiner alten Mutter zu sein. Sie sind es zufällig alle.

Und jetzt ist sie Joop unerwartet entrissen worden. Das hat ihn getroffen. Er hat sie zwar nie besucht, aber er brauchte sie dringend für die schlechten Tage, wenn es ihm damit ernst war, was er meinte: »Ich stehe nur ihretwegen hier …«

Denn wir alle brauchen einen Grund, weshalb wir Dinge tun oder lassen. Das verwirrte alte Mütterchen in dem düsteren Haus war Joops Alibi, das plötzlich weggebrochen ist. Und jetzt? Muss er nun wirklich raus und einen Spaten in den Boden stechen? Nein, er braucht einen anderen Grund, warum er es tut.

»Meine alte Tante war auch beim Begräbnis«, sagte er heute Nachmittag. Und er beobachtete mich, wie diese Tante bei mir ankam. Kriegt sie den frei gewordenen Platz? »Ich stehe hier wegen meiner alten Tante.«

Ich weiß nicht. Altes Mütterchen klingt stärker.

Vor der Tür

Um neun Uhr abends kriegten meine Frau und ich auf einmal Krach miteinander. Ich weiß eigentlich nicht mehr, worüber, doch das tut nichts zur Sache, denn wenn es schon mal in der Luft liegt, ist jeder Anlass recht. Es ging los mit einem Pingpong kleiner Vorwürfe, aber nach ungefähr fünf Minuten war sie schon beim: »Und dann sagst *du* immer …«

Es folgte, was ich offenbar immer sage. Wenn ich ihrer Imitation Glauben schenken darf, spreche ich dann in sehr schleppendem Ton, wobei ich die Zunge weit aus dem Mund hängen lasse. Ich verschanzte mich hinter einer kalten Würde, was sie so maßlos irritierte, dass die Situation mich bald nötigte, aufzustehen und pathetisch zu sagen: »Gut, wenn meine Anwesenheit dich derart stört, werde ich dich davon erlösen.«

Aufstehen, Zimmer verlassen, Mantel anziehen. Als ich die Haustür öffne, höre ich, dass sie oben etwas in versöhnlichem Ton ruft, aber ich bleibe bei meinem Entschluss und stehe gleich darauf auf der Straße. Die Erinnerung an den idiotischen Streit gleitet sogleich von mir ab, um dem schönen, dynamischen Gefühl eines Mannes Platz zu machen, der einen Grund hat, sein Haus zu verlassen. Unter normalen Umständen geht man »nur mal um die Ecke« und sollte in einer guten Stunde zurück sein, aber wenn ein Streit der Motor ist, darf man uferlos umherstreunen, weil man eine Mission erfüllt.

Zuerst bin ich in einer Kneipe, wo drei junge Seeleute mit verwitterten Gesichtern sitzen und sich genüsslich erzählen, was sie im Laufe ihrer Karriere, die sie über alle Weltmeere geführt hat, geklaut und geschmuggelt haben. Es sind nette Jungs, die einträchtig und ehrfürchtig ein Kerzlein für die Schweden-Annie in Hamburg entzünden.

»Die hilft einem immer, wie abgebrannt man auch sein mag. Und man muss keinen Cent bezahlen«, erzählen sie mir.

Ich schreibe es mir hinter die Ohren, radiere es da aber ein wenig später, als ich in der nüchternen Abendluft auf der Straße stehe, wieder aus, weil mir plötzlich klar wird, dass ich mit Sicherheit keine Gelegenheit dafür haben werde. In der nächsten Kneipe steht ein trübsinniger Mann und sagt: »Ja, siehst du, ich tapeziere schon mal gelegentlich, um was dazuzuverdienen.«

»Und was machst du sonst so?«, fragt der Wirt.

»Nichts«, sagt der Mann.

Und ernst zu mir: »Du sollst mich nicht auslachen.«

»Ich habe nur so gelacht«, antworte ich.

»Ein fröhlicher Mensch«, sagt der Wirt skeptisch, »das hat man nicht mehr so oft.«

Der Gelegenheitstapezierer nickt.

»Es ist eine traurige Zeit – das kommt durchs Fernsehen«, sagt er mit unerklärlicher Bestimmtheit.

Ich zahle und trete wieder ins Freie. Ermutigt durch die konsumierten Biere, die einen mit einer Art trägem Optimismus erfüllen, gehe ich in die Stadt und betrete wenig später ein kleines Etablissement, in dem ich kurz nach dem Krieg öfter gewesen bin. Aus dem, was damals eine ehrliche, rechtschaffene Tränke war, ist jetzt eine prätentiöse Bar geworden, mit einem trübseligen Familienoberhaupt am Flügel und einer Dame hinter der Bar, deren vornehmste Aufgabe es ist, einfach nur schön zu sein. Auf der Kundenseite sitzt ein Glatzkopf mit einem dicken Rücken, der ein Gespräch mit einem ernsten, bebrillten Fräulein in einem seriösen Wollkleid führt, das sagt: »Das ist gerade das Schöne an Simon Vestdijk, finde ich. Worüber er auch schreibt, es ist immer interessant. Und er ist so vielseitig …«

»In der Tat«, antwortet der Glatzkopf ratlos.

Die Barfrau kommt und flüstert der Vestdijk-Liebhaberin etwas zu, die sich daraufhin entfernt. Kurze Zeit später kommt sie zurück – in blauem Licht und mit einem Tusch vom Klavier. Sie trägt jetzt weder Brille noch Wollkleid. Eigentlich hat sie nur an ein paar wesentlichen Stellen Weihnachtsbaumgeflitter an. Auf dem winzigen Platz dicht vor meinen Füßen beginnt sie, einen exotischen Tanz aufzuführen, eine Nachtclubnummer vom Kopf bis zu den Zehen. Der dicke

Mann an der Bar kehrt ihr den Rücken zu, und der Pianist starrt mit introvertiertem Blick auf seine häuslichen Sorgen, sodass ich als Einziger die Rolle des Publikums einnehmen muss. Nicht mal einen Meter vor meinen Schuhen wirft sich die Dame auf die Knie und lässt ihren weißen Torso langsam, aber sicher nach hinten sinken. Ihr Kopf liegt nun praktisch unter meinem Tisch. Ich schaue, wie ich vermute, mit entsprechender Lüsternheit an meinem Bierglas vorbei. Sie lächelt kopfunter zurück, und während ihre Arme flügelschlagende Bewegungen machen, fragt sie freundlich: »Wie geht es Ihrem Enkel?«

»Gut«, sage ich.

Ich bin dann besser mal nach Hause gegangen. Was soll der Mensch auch draußen vor der Tür?

Andere Zeiten

Da stand ein kindgroßes Kerlchen mit einem von diversen Heimsuchungen gezeichneten Kopf in der Kneipe und unterhielt sich mit einem alten Mann, der mit hochgezogenen Knien auf einem Hocker saß, als warte er während einer Hochwasserkatastrophe auf ein rettendes Boot. Draußen hatte der wie ein Geschwür aufgebrochene Herbst die Stadt in die kahle Wirklichkeit der Stadtansichten Georg Hendrik Breitners verwandelt. Eine riesige, von Kopf bis Fuß mit Spritzern übersäte Gestalt in einem zeltartigen Regenmantel trat ein und legte schnaufend die im Viertel getätigten Einkäufe auf den Schanktisch. Darunter befand sich eine große Flasche Spiritus, und das Kerlchen fragte: »Kriegst du Besuch?«

»Hä«, sagte der Mann, nicht ohne Abscheu.

Er setzte sich, nahm die Zeitung und hielt sie so weit wie möglich von sich weg.

»Du wirst blind«, sagte der Zwerg frotzelnd. »Du brauchst eine Brille.«

»Meine Augen sind völlig in Ordnung«, antwortete der Mann. »Meine Arme sind nur nicht lang genug.«

Und er las ruhig weiter, vollkommen immun gegen

Provokationen. Er erinnerte mich an eine Anekdote von O'Hara, der mal einen Boxer gefragt hatte, weshalb er immer so höflich wäre. Der Mann hatte geantwortet: »Ich bin Champion im Schwergewicht, also kann ich es mir erlauben.«

Das Kerlchen verlagerte seinen Blick in meine Richtung und sprach: »Wenn du so zur Seite guckst, weißt du, dann hast du was von dem Burschen, der manchmal im Fernsehen ist. Nein, nicht, wenn du *so* guckst. So nicht. Dann bist du viel dicker. Aber von der Seite hast du was von ihm.«

»Das höre ich öfter mal«, sagte ich.

Der Alte auf dem Hocker hatte aus Höflichkeit mitgeschaut. Er sagte: »Wenn Sie es schon erwähnen – ich komme hier seit gut sechzig Jahren her, aber ich habe es erlebt, dass an dieser Stelle, hier, wo ich jetzt sitze, Prinz Hendrik gestanden hat. Um einen Schnaps zu trinken. Ganz normal, unter den Leuten. Wenn ich gewollt hätte, hätte ich ihn anfassen können. Das macht man natürlich nicht, das wäre frech gewesen. Was soll das auch, einen Prinzen absichtlich zu berühren. Aber wenn ich gewollt hätte, hätte ich es gekonnt. Er stand einfach hier und trank was. Mit dem Bürgermeister von Amsterdam. Na ja, nicht mit dem von jetzt. Sondern dem von damals. Und alles ganz friedlich. Nur ein kräftiger Bursche, der vor der Tür stand. Und am Hintereingang noch so ein Kleiderschrank. Das natürlich schon.«

»Weiß ich doch«, rief der kleine Typ blasiert. »Und wenn der Laden hier zugemacht hat, ging die ganze Mannschaft noch an die Urquelle. Mit Künstlern dabei, und so.«

Der Alte nickte.

»Das sind andere Zeiten jetzt«, sagte er.

»So ist es«, bekräftigte der Zwerg. »Ich habe zwei Kinder – ein Mädchen von neunzehn und einen zwanzigjährigen Jungen. Aber wenn ich sage: ›Kinder, wollt ihr Papa nicht mal begleiten?‹ – Glaubst du, dass sie dann mitwollen? Vergiss es. Rocken und rollen wollen sie.«

Er wandte sich einem völlig benommenen Mann mit einer wie aus Tortenstücken zusammengestoppelten Mütze zu, der vor seinem leeren Glas stand und mühsam darüber nachgrübelte, wie er es bloß wieder vollbekommen könnte, und fragte: »Das ist doch auch nichts für dich, rocken und rollen, Onkel Kees?«

»Nein«, antwortete der Mann, sich behutsam vortastend.

Der Begriff war für ihn inhaltslos, doch instinktiv hatte er in seinem Dämmerzustand gespürt, dass es eine Nein-Frage war.

»Onkel Kees klaut lieber Fahrräder auf dem Rembrandtplein, nicht wahr, Onkel Kees?«, rief der Zwerg ausgelassen.

Er war der Gorgonzola in der Konversation: pikant, aber nach ein paar Bissen war man satt.

»Das hättest du jetzt nicht sagen müssen«, mischte sich der Alte gekränkt ein. »So was würde Onkel Kees nie tun! Oder, Onkel Kees?«

»Nein«, sagte der Mann niedergeschlagen. Er hatte vor allem Durst.

Der kräftige Riese hatte die Zeitung durch. »Im Fernsehen war gestern Abend wieder einmal nichts«, sagte er, mehr im Allgemeinen. »So treiben sie einen doch in die Kneipe! Wenn ich ein interessantes Programm sehe, bleibe ich sitzen und sehe es mir in Ruhe an. Aber wenn es so ist wie gestern, ziehe ich mir die Jacke an und gehe raus. Dass die Leute einfach nicht begreifen, dass sie auf die Art und Weise den Alkoholismus befördern.«

Der Alte machte eine vage Geste und sagte, alles zusammenfassend: »Es sind andere Zeiten.«

Leckeres Brot

In einer Kneipe am Haarlemmerdijk trank ich ein Glas Bier. Ein gedrungener, breitschultriger Mann mit einer Mütze und breiten Pratzen, die über und über mit Ankern tätowiert waren, kam herein. In amüsiertem Ton sagte er: »Hör mal, dieser Willem, der Polsterer, der neben mir wohnt ...«

Der Wirt, der wie ein riesiger, träger Kater hinter dem Schanktisch hing, nickte abwartend.

»Er hat sich heute Nacht aufgehängt«, rief der Mann. Und er brach in ein herzhaftes Gelächter aus.

»So«, sagte der Wirt bündig. Er schien mir kein Gefühlsmensch zu sein.

»Seine Frau kommt heute Morgen in die Küche«, fuhr der andere fort. »Sie wollte sich ein Ei kochen. Und da hing er.«

»So«, sagte der Wirt, ein Glas Bier formvollendet fertig zapfend. Und während er es dem Mann hinstellte, vermutete er: »Wird sie sich wohl etwas erschrocken haben.«

»Da kannste von ausgehen«, gab die Mütze zu. »Tolles Weib, näch. Mit der konnt er Pferde stehlen. Denn er war ein komischer Kauz, näch.«

Der Wirt nahm, gewissermaßen als Zeichen der Zustimmung, seine Nase kurz zwischen Daumen und Zeigefinger, wie jemand, der etwas Unschickliches riecht. Darauf sagte er, seine Worte wägend: »Er war ein ungehobelter Klotz. Manchmal kam er zum Billardspielen her, aber dann lagen die Kugeln öfter auf dem Boden als auf dem Filz.«

»Angeln konnte er auch nicht«, sagte der Mann, Willems Grabinschrift vollendend.

Jetzt kam eine hochgewachsene, würdevolle Gestalt mit einem hübschen, weißen Schopf herein, setzte sich und sagte in feierlichem Ton: »Gestern bin ich fünfundsechzig geworden.« Der Wirt war davon nicht beeindruckt. Deshalb verlagerte der Alte sein Interesse auf den anderen Mann und wiederholte: »Fünfundsechzig.«

»Na ja, ich bin auch schon vierundsechzig, aber die haben mir alle nicht geschmeckt«, sagte die Mütze. »Die stanken schon aus dem Topf.«

Die Miene des Jubilars verdüsterte sich.

»Schöne Gäste hast du«, sagte er zum Wirt.

»Er ist wenigstens nett zu seinem Fahrrad«, antwortete der. »Willst du ein Bier?«

»Nein, gib mir mal einen Schnaps, dann musst du nicht so schwer heben«, sagte der andere.

Der Wirt brachte ihn ihm, humpelte wieder zurück hinter seine Theke und sagte in sinnierendem Ton: »Ich habe hier jahrelang einen Gast gehabt, und der hatte das auch …«

»Was?«, fragte die Mütze.

»Lebensüberdruss«, fuhr der Wirt fort. »Das war ein Bäcker. Der Mann backte unheimlich leckeres Brot. Ganz eigenes Brot. Diese knusprigen, spitzen Brötchen, weißt du? So kross. Aber na ja, der Mann war irgendwie schwermütig. Und dann kam er hier zu mir rein, und es wurde ein Schnaps nach dem andern, und gegen eins, wenn er richtig blau war, hat er zu mir gesagt: ›Ich häng mich auf.‹ Und ich hab noch versucht, ihn zurückzuhalten. Ich hab gesagt: ›Mensch, Kees, tu das nicht, was bringt dir der Spaß?‹ Denn er hatte elf Kinder. Das ist ein ganzer Stall voll. Da kann man nicht einfach so aussteigen. Wenn man Junggeselle ist, würde ich noch sagen: Na gut. Aber elf? Und schließlich hat er sie alle selbst gemacht, nicht? Aber ich konnte reden, was ich wollte. Ich sag ja, der Mann war irgendwie schwermütig. Also zum Schluss hab ich ihn dann doch gehen lassen. Ich schenk ihm zwar ein, aber ich bin schließlich nicht sein Hirte.«

»Und, hat ers getan?«, fragte die Mütze, schon im Voraus grinsend. Er schien mir der Stadtteilsatan zu sein.

»Ach was«, sagte der Wirt. »Anfangs war mir das noch nicht klar. Aber weißt du, was er gemacht hat? Er ist zum Rangiergelände gegangen und hat sich da auf die Schienen gelegt. Na, an sich hat er keine halben Sachen gemacht. Aber er war pfiffig. Er kannte eine Linie, und die fuhr nach eins nicht mehr. Und da hat er sich hingelegt. Dann wurde er morgens gegen vier Uhr wach und ging backen.«

Und er schloss: »Jetzt ist er ganz normal gestorben. Schade, denn das Brot war lecker, weißt du?«

Glück

Herr Frits arbeitet in einem großen Büro. Er ist ein Mann mittleren Alters und von auffallend molliger Gestalt. Zu ihm passt dieses Wort besser als dick, denn er ist dem entsprossen, was mütterliche Frauen lechzend einen »reizenden Jungen« nennen: schmächtig, schutzlos lächelnd und mit blonden Locken. In dieser Erscheinung wurde er seinerzeit von seiner wackeren Coba erobert, doch erst einmal verheiratet, begann er, mehr und mehr aus dem Leim zu gehen, und das steht ihm nicht. Er hat zu kleine Hände und zu kleine Füße für einen solchen Korpus, und sein zartes Mündchen ertrinkt unrettbar in seinem noch stets von sanftem Kraushaar gekrönten Mondgesicht, was ihn einer schauderösen Travestie-Dame ähneln lässt.

Tief in seinem Innern weiß Herr Frits, dass er einen gewissen Abscheu hervorruft, und versucht auf seine schüchterne Art, etwas dagegen zu tun. Morgens in der Straßenbahn gibt er dem Schaffner immer eine Zigarette und lauscht, dankbar nickend, dem ausführlichen Wetterbericht, den er im Gegenzug dafür bekommt. Im Büro ist er, mit seinem klitzekleinen Mund immer freundlich lachend, allen gegenüber hilfsbereit, doch er tut es wie jemand mit schlechtem Gewissen. Man akzeptiert seine allzeit bereite Dienstbeflissenheit, weil es so schön bequem ist, zahlt sie ihm aber nicht mit Sympathie zurück. Man findet Herrn Frits merkwürdig. Und das ist er auch. Er hat im Gegensatz zu anderen keine natürliche Kontrolle über das Leben, und das behindert ihn den ganzen Tag über.

Wenn um fünf Uhr die Arbeit getan ist, setzt er seinen schwarzen Filzhut auf, zieht den Mantel an und grüßt alle recht herzlich. Langsam spaziert er dann durch die Stadt, die sich in Abendgarderobe hüllt. Die großen Bürogebäude haben ihre Lichter noch nicht gelöscht, doch die Männer und Frauen, die dort wieder einen Tag ihres Lebens gelassen haben, schwärmen schon auf ihren Fahrrädern in einer langen Prozession aus, einfallsreich improvisierend – die Spatzen im Verkehr.

Äußerst bedächtig schreitet Herr Frits dann zu seiner Stunde des Glücks.

Er wohnt in einer Kneipe an der Gracht. Schon seit zwanzig Jahren tritt er dort jeden Nachmittag fünf Uhr sieben ein. Es ist ein schummeriges Lokal, das ausschließlich von Männern besucht wird, die beim Glimmen ihrer Zigarren mit ernsten Mienen trinken. Fünf Uhr acht nimmt Herr Frits den ersten Schluck von seinem ersten jungen Klaren.

Und dann bricht es sofort an – das Glück.

Es ist, als würde etwas von ihm abfallen. Er holt tief Luft und sieht sich zufrieden um. Das sind hier rechtschaffene Männer, findet er. Freunde, wie sie da stehen. Wenn er sein zweites Glas an die Lippen setzt, ist er einer von ihnen geworden. Ruhig. Ausgewogen. Ein erfahrener Thekenhocker, und ebenfalls mit einer Zigarre. Warum auch nicht? Sie rauchen doch alle eine?

Das zweite Glas verleiht seinen Gedanken Flügel.

Er denkt an ein Gespräch, das er hätte führen können, oder an eine nette Bemerkung, die er hätte fallen lassen können. Manchmal macht er dem Wirt gegenüber einen kleinen Scherz.

Beispielsweise sagt er dann: »Weißt du, wer der dichteste Dichter der Welt war?«

Der Wirt hat nicht die leiseste Ahnung.

»Goethe«, sagt er dann. »Egal, wie dicht du auch bist – Goethe war dichter.«

»Ach, der Onkel Frits«, sagt der Wirt dann mit einem steifen Grinsen.

Das dritte Glas ist das letzte.

Er hat nun alle Ketten abgeworfen.

»So, jetzt schauen wir mal, was Mutti macht«, erklärt er.

Denn so reden die Männer hier. Er legt das Geld auf den Schanktisch, grüßt mit einer jovialen Handbewegung und tritt ins Freie. Jetzt folgt das entspannte Nachhausegehen im Schutze der Dunkelheit. Das ist ebenfalls noch Glück. Er summt Lieder aus seiner Kindheit und findet, dass er gut bei Stimme ist. Der kleine Rausch währt bis in seine Straße. Dann bricht sich das Bewusstsein Bahn, dass jetzt nur noch das Essen kommt, das Schweigen hinter der Zeitung und der Schlaf. Er steckt den Schlüssel ins Schloss, geht die Treppe hinauf und ruft: »Huhu, ich bins.«

»Oh«, sagt die Frau.

Der feste Stamm

Die Abstinenzler haben recht,
aber nur die Trinker wissen, warum.

Der Wirt starb im aktiven Dienst. Dreißig Jahre lang hatte er hinter ein und derselben Theke gestanden, erst als geselliger Unterhalter neben seiner Frau, dann als still gewordener Witwer, allein. Denn sein Sohn wohnte bei der Großmutter in der Provinz und verfolgte andere Wege. Den Jungs, die schon seit Menschengedenken tagtäglich die kleine, schummerige Kneipe besuchten, zeigte er manchmal ein paar Fotos. Hier ging er zum Zelten. Da war er beim Militär. »Gesunder Bursche«, sagten sie dann, während sie das Foto zurückschoben. Denn Gesundheit hielten sie für eine wichtige Sache. Selbst waren sie zum Glück alle gesund, die Jungs vom festen Stamm. Sie tranken zwar regelmäßig ihr Gläschen, aber ihnen fehlte nie etwas. Manchmal starb plötzlich einer von ihnen. Dann sagten die Zurückgebliebenen: »Der Piet. Samstag stand er noch hier.« Und es wurde weitergetrunken, still und ernst, wie es Männer mit einer Leidenschaft fürs Leben handhaben.

Als der Wirt urplötzlich an einem seiner verschleppten Leiden dahinschied, war die Kneipe drei Tage lang zu. Unbehaglich stand der feste Stamm an fremden Schanktischen, tastete nach Gläsern, deren Form den Händen unvertraut war, kostete mürrisch, fand den Schnaps zu kalt.

»Sein Junge führt das Geschäft weiter«, wusste einer von ihnen. Und so kam es auch.

An einem Dienstag machte die Kneipe wieder auf, und der Sohn stand an Vaters statt da – ein Schrank von einem Kerl, mit roten Wangen und offenem Hemd. Für die Jungs aus der festen Mannschaft war es ein rührendes Bild. Ergriffen sahen sie zu, wie die nachfolgende Generation die Flasche aus dem Eis zog, und sie lächelten nachsichtig, wenn einmal ein Tropfen daneben fiel, denn muss nicht jedes Handwerk erst erlernt werden?

Nein, der Knabe hatte sich in ein gemachtes Bett gelegt. An den Jungs, die tagtäglich hierherkamen, hat es wahrlich nicht gelegen. Die wollten schon. Aber er – er hatte es nicht, das stand nach einer Woche unumstößlich fest.

Denn das Amt des Wirtes in einer so kleinen Kneipe mit vielen langjährigen Stammgästen erfordert ein feinfühliges Handeln. Wenn man tüchtig einschenkt, macht man eine Absturzkneipe daraus, in der man einen Abend verbringt und herumschreit, und die man danach nie wieder besucht. Man muss, wenn man hinter so einer Theke steht, wissen, wann der Moment gekommen ist, Herrn Frederiks zu sagen: »Komm, Onkel Jan, willst du jetzt nicht mal nach Hause gehen?« Man kann natürlich uferlos weiterzapfen, doch dann sitzt Frau Frederiks mit einer Schale nutzloser grüner Bohnen unter der Lampe und wird schon dafür sorgen, dass er sich eine andere Kneipe sucht. Umsicht, mein Herr! Man muss dem stillen Geers gegen zehn in natürlichem Tonfall nachgeben, wenn er behauptet, dass er mit einem Faustschlag eine Kuh totschlagen kann. Und wenn der kleine Schalterbeamte von der Post das Stadium erreicht hat, dass er ohne hörbaren Anlass zu rufen beginnt: »Suuuuu ...... Suuuuu ...... Da ist schon wieder ein Düsenjäger«, dann hat man nicht zu lachen, sondern einfach zu sagen: »Ja, Freek, Scheißdinger sind das.«

Aber der Junge wusste nicht, wie die Dinge lagen. Er kam sozusagen aus der Fremde und stand viel zu gesund hinter der Theke, wie ein Camper, der in eine Kneipe kommt, um sich ein bisschen Spiritus für den Primus zu erbitten. Reden tat er schon, aber es war nicht die vage, zögerliche Sprache seines Vaters selig, sondern ein ungelenker Diskurs voller exakter Mitteilungen und konkreter Fragen, auf die eine Reaktion erfolgen musste.

»Die Veluwe ist schön«, sagte er beispielsweise zu Onkel Jan. »Sind Sie da schon mal gewesen?«

»Ja, ja ...«, antwortete Herr Frederiks dösig. Sein Glas war leer, und er hatte schon zweimal auf seine kaum wahrnehmbare Art signalisiert, dass es gefüllt werden sollte.

»Wo genau sind Sie gewesen?«, wollte der Junge wissen. »Der schönste Teil liegt südöstlich von Zulm, da gibt es auch schöne Zeltplätze. Schon mal gesehen?«

»Ja, ja«, knurrte Onkel Jan. Er wollte was ins Glas. Und nicht diese naseweise Fragerei hören. Das hassen die Jungs vom festen Stamm. Es stört sie in ihrem Dämmern, es zerlöchert ihren Tagtraum und bedroht die Fassade ihrer hier seit Jahr und Tag respektierten Reputation.

Langsam, aber sicher begannen sie fernzubleiben und fanden sich traurig in einer der nächsten Kneipen wieder. Der Camper blieb mit einem Laden zurück, den höchstens einmal ein verirrter Passant betrat oder eine Mutter mit einem Kind, das eine Limo trinken durfte. Ruhig und sanft war die Kneipe unter seinen kräftigen Händen verstorben. Es war ein anmutiges Scheitern. Sein gesundes Naturfreundegesicht hatte den Laden leer gestrahlt. Die alte, schwermütige Atmosphäre löste sich in seinem Lagerfeuer auf, und die lautere Schönheit seiner Veluwe erwies sich als viel zu weiträumig für eine kleine Schenke an einer alten Gracht.

Jetzt ist dort ein Obst- und Gemüseladen eingezogen. Äpfel, Birnen, alles gesund, mein Herr.

Immer kleiner wird das dämmerige Reich des festen Stamms.

Ausblick auf einen
Heringsverkäufer

Es war vormittags, und an einem dieser hübschen aufgebockten Karren, der an einer Amsterdamer Gracht stand, kaufte ich einen Hering.

»Mit Zwiebeln?«, fragte der Mann in der weißen Jacke.

Er war kräftig gebaut und breitschultrig, und sein Haar begann schon zu ergrauen – dem Anschein nach ein Fußballbegeisterter, der keinen Sonntag im Stadion fehlt.

»Ohne Zwiebeln«, antwortete ich.

Es standen noch zwei weitere Männer in Overalls da, die zusammengehörten und aßen.

»Der eine nimmt Zwiebeln dazu, und der andere nimmt keine«, stellte einer der Männer großzügig fest.

Der Heringsverkäufer nickte.

»Ich würde zum Beispiel nie Gürkchen dazu nehmen«, sagte der andere Mann in dem etwas koketten Ton, mit dem ein Mädchen den süßen Liebreiz zu erkennen gibt, über den es nun einmal verfügt.

»Geben Sie mir noch einen«, sagte ich.

Der Heringsverkäufer schnitt den Fisch in drei Teile

und griff mit seiner nass glänzenden Hand in den Behälter mit den Zwiebeln.

»Nein, keine Zwiebeln«, rief ich.

Er lächelte entschuldigend.

»Ich war grad eben in Gedanken«, sagte er.

Die Männer im Overall nahmen ebenfalls noch einen Hering und fingen eine Art Streitgespräch über eine Lappalie an, bei der sie sich gegenseitig nicht recht geben wollten. Ich sah sie noch damit beschäftigt, als ich schon bezahlt und in einem Café gleich gegenüber von dem Karren an einem Tisch am Fenster Platz genommen hatte. Für Holländer gestikulierten sie ziemlich heftig. Ein Bauer hat mir mal erzählt, dass, wenn morgens in der Früh der erste Hahn zu krähen beginne, es alle Hähne in der Umgebung auch tun würden, nur um ihn an Lautstärke zu übertreffen. Die meisten Männerleben funktionieren genauso.

»Was soll es sein?«, fragte das alte Fräulein, das das Café betrieb.

»Kaffee.«

Während sie zum Ausschank schlurfte, trat eine dicke, schlampig wirkende Frau ein, die ihre Frisur vor Monaten strohgelb hatte färben lassen, jedoch später von einer Sehnsucht nach ihrem Naturbraun überwältigt worden war, sodass sie jetzt einen zweifarbigen Putz auf dem Schädel trug.

»Hast du es gehört?«, rief sie.

»Was?«

»Der Sohn des Heringsverkäufers auf der anderen Straßenseite ist doch gestern mit seinem Moped gegen die Straßenbahn gefahren«, fuhr sie fort. »Stell dir vor, der ist jetzt tot. Die Ärzte im Krankenhaus haben ihn nicht retten können. Sie haben es ihm«, sie sah zum Heringsverkäufer hinüber, »gerade vor einer halben Stunde erzählt.«

Das alte Fräulein stellte mir den Kaffee hin.

»Das ist ja ein Ding …«, sagte sie.

Ich sah zur anderen Straßenseite hinüber.

Die Streithähne im Overall waren verschwunden. Der Heringsverkäufer stand kräftig und breit da und putzte mit einer zum Automatismus gewordenen Fertigkeit seine Fische.

»Ein Junge von siebzehn Jahren«, sagte die dicke Frau. »Er hat Konditor gelernt. Und er hat auf der Handwerksausstellung neulich noch mit einem Schloss aus Schokolade den dritten Preis gewonnen.«

»Es sind Drecksdinger, diese Mopeds«, sagte die alte Frau.

Das Gesicht des Heringsverkäufers zeigte keinerlei Ausdruck. Weder Schmerz noch Bestürzung, auch keine Verzweiflung oder Melancholie. Nichts. Er bediente jetzt ein Fräulein, das gleich mehrere Heringe in Papier gewickelt mitnehmen wollte.

»Und die Jungs wollen mit so einem Ding immer angeben«, sagte die dicke Frau. »Aber eine Straßenbahn weicht nicht aus.«

Auf der anderen Straßenseite gab der Heringsverkäufer dem Fräulein das Wechselgeld heraus. Dann machte er sich wieder ans Putzen.

Man sah ihm nichts an. Doch plötzlich erinnerte ich mich, dass er bei meinem zweiten Hering, als es um die Zwiebeln ging, lächelnd gesagt hatte: »Ich war grad eben in Gedanken.«

Tschüss, Chef

Nachmittags betrat ein großer, beleibter Mann mittleren Alters mit einem wilden Haarschopf die halbdunkle Kneipe und rief schon auf der Türschwelle mit einer tiefen Bassstimme: »Gib mir schnell einen jungen Klaren, denn ich mag es nicht, meine Zeit in Kneipen zu vertun.«

Daraufhin ließ er sich an meinem Tisch nieder, in der Nähe des warmen Ofens, so wie jemand, der nicht so bald wieder gehen will. Den Schnaps trank er in einem Zug aus.

»Noch einen«, sagte er. »Und sag Bescheid, wenn ich den siebten gehabt habe.«

Der zweite war auch schnell ausgetrunken. Während der dritte eingeschenkt wurde, fuhr er mit seiner riesigen Hand über sein etwas erschöpft wirkendes Gesicht und sagte: »Total verrückt macht mich das.«

»Was denn?«, fragte ich.

Er lehnte sich, halbwegs entspannt durch die Schnäpse, zurück und streckte die Beine aus.

»Ich habe eine Transportfirma und stecke bis zum Hals in Arbeit«, erzählte er.

Und, lauter: »Sach ma, kann ich was zu trinken

kriegen, oder ist das hier 'ne Apotheke, wo man ein Rezept braucht?«

Sein Glas war wieder leer.

»Bin schon unterwegs«, rief der Wirt.

»Und gib dem armen Schlucker hier auch einen«, sagte der Mann und zeigte auf mich.

Ich fragte: »Warum macht es dich total verrückt, dass du eine Transportfirma hast, die gut läuft?«

Er sah mich schwermütigen Blickes an.

»Arbeit satt«, sagte er. »Aber den einen Tag habe ich sechs Fahrer, und am nächsten Tag zwei.«

Ich fragte, wie das käme, doch seine Stimme schwoll wieder an.

»Mal ein bisschen Service hier!«, rief er. »Ich hab doch keinen Aussatz?« Er sah auf mein Glas.

»Bei mir geht das nicht so schnell«, sagte ich.

»Das kommt, weil du keine Transportfirma hast«, stellte er fest.

Ich nickte und fragte. »Aber warum bleiben die Fahrer denn plötzlich weg?«

Er zuckte mit seinen mächtigen Schultern.

»Warum?«, wiederholte er. »Warum werden wir geboren? Warum sterben wir? Ich weiß es nicht. Ich packe die Jungs in Watte. In Schaumgummi. Ich gebe ihnen alles, was ich ihnen nur geben kann. Ich bin mit allem einverstanden. Ich bin ein Chef wie aus dem Märchen. Aber jeden Morgen heißt es abwarten. Wie viele werden kommen? Sechs? Vier? Zwei? Und wo sind die, die wegbleiben? Von einer anderen Firma abgeworben? Auf den Mars geschossen? Oder haben sie heute nur keine Lust aufs Fahren? Ich weiß es nicht.«

Er drehte sich zur Theke um.

»Ich komm schon!«, rief der Wirt.

»Der geht auf mich«, sagte ich. Denn ich fing an, mit ihm mitzufühlen.

»Danke«, antwortete er. »Ich habe jetzt einen, der schon seit Monaten bei mir ist. Koos. Ein begnadeter Fahrer. Arbeitet beinhart. Bittet um Überstunden. Will sogar samstags und sonntags fahren. Ein Juwel. Und nie Gequatsche. Ein echter Arbeiter. Ich schanze ihm alles Mögliche zu, wenn es nur irgendwie durch die Bücher gehen kann, denn sonst kriegen sie einen dran wegen Schwarzarbeit. Morgens, wenn er pünktlich auf die Minute vor der Tür steht, würde ich ihm am liebsten einen Schmatz geben. Koos. Auf Koos konnte ich bauen. Aber …«

Er seufzte tief.

»Heute Morgen kommt er zu mir«, fuhr er fort. »Er sagt: ›Chef, ich will zum Wintersport.‹ Ich sage: ›In Ordnung, Koos. Du arbeitest schon so lange bei mir, also hast du Anspruch auf sieben Tage Urlaub. Viel Spaß, mein Junge.‹ Da sagt er: ›Nee, Chef, nicht sieben Tage. Ich will sieben Wochen.‹ Da sage ich: ›Ach, Junge, wie soll das denn gehen? Du verdienst bei mir hundertfünfundzwanzig und ein paar Zerquetschte netto, damit kannst du doch nie im Leben sieben Wochen

116

Wintersport machen?‹ Da sagt er: ›Ja, Chef, aber ich habe da ein Mädchen an der Hand, das fünfhundert Gulden pro Woche verdient – horizontal.‹ Verstehst du die Welt noch? Ein harter Arbeiter. *So* ein Kerl! Ich sage: ›Koos, du kannst die sieben Tage haben, aber mehr nicht.‹ Und da sagt er: ›Dann tschüss, Chef.‹«

Und, sich zur Theke umdrehend: »Gib mir den siebten. Aber schnell.«

Freischaffend

Der Mann, der neben mir an der Theke stand, sagte ohne besonderen Anlass zu mir: »Mit Frauen ist es ein linkes Ding. Man weiß eigentlich nie genau, was man machen soll.«

Und er nahm einen Schluck Bier. Er war ein hochgewachsener Bursche um die dreißig mit einer nagelneuen, hellgrünen Jacke, und er hatte etwas Schwungvolles an sich, auch in seiner Haartolle. Da seine Mitteilung allgemeiner Art und vage genug war, um ihr zustimmen zu können, antwortete ich: »Ja, das ist so.«

»Ich wohne nämlich in einem kleinen Gasthof«, fuhr er fort. »Ich bin freischaffend, weißt du? Und der Kerl, der die Unterkunft betreibt, ach, ich nehm da unten mal eine Tasse Kaffee, oder ich kauf da mal einen gefüllten Keks, oder ich kauf auch mal ein hart gekochtes Ei – so ein Mann muss schließlich auch leben, nicht wahr? Aber gut, nun saß da unten neulich abends ein alter Mann, der auch in dem Gasthof wohnt, und weinte. Betrunken natürlich. Aber gut. Ich kriege Mitleid mit dem alten Mann und bringe ihn auf sein Zimmer. Ich nehme noch zwei hart gekochte Eier auf einer Untertasse mit. Wir kommen zu ihm ins Zimmer, und da hatte er noch ein paar Deziliter stehen, und wir essen die Eier und trinken die paar Deziliter, und wir unterhalten uns, und der Mann hört auf zu weinen. Aber gut – was glaubst du, was passiert? Auf einmal kommt der Kerl von dem Gasthof reingestürmt und brüllt: ›Faules Pack, ihr sitzt hier, seid am Saufen und verschwendet mein Licht.‹ Und das zu mir. Obwohl ich mir auf Ratenzahlung ein Radio zugelegt habe, um nicht in die Kneipe zu müssen. Ich stehe auf und sage: ›Komm mal mit nach draußen, du Schleimscheißer, da mache ich Hackfleisch aus dir.‹ Ja, das hätte ich in aller Ruhe und ungestraft tun können, weißt du, denn die Polizei hat neulich noch zu mir gesagt: ›Er verdient ein paar kräftige Tritte in den Hintern, er ist so durch und durch schlecht, und wir würden ihn gern selbst mal in die Mangel nehmen.‹ Aber na ja, Personalmangel, weißt du?«

Er machte eine entschuldigende Geste, nahm erneut einen Schluck und sagte: »Also ich denke mir: Leck mich doch am Arsch mit deinem Gasthof, und schreibe mit der Hand auf eine Heiratsannonce, denn ich habe eine sehr schöne Handschrift. Und ich kriege eine höfliche Antwort von dieser Frau. Aber gut. Eines Nachmittags gehe ich zu ihr. Ich hatte ein Fläschchen Eau de Cologne mitgebracht, aus dem Kaufhaus, aber das habe ich natürlich nicht dazugesagt. Eine muntere, geschiedene Frau mit zwei kleinen Kindern, und sie wohnte auf einem Hausboot, das ›Die quirlige Hütte‹ hieß. Ich fragte noch, wie sie darauf gekommen wäre, auf diesen

Namen, und sie sagte: ›Den habe ich mal an einer Villa gelesen.‹ Aber gut. Wir verbringen einen angenehmen Nachmittag miteinander. Sie schenkt ein Tässchen Tee ein, dazu gibt es ein selbst gebackenes Butterplätzchen, lecker, auch wenn ich lieber einen Kurzen gehabt hätte. Und wir unterhalten uns. Eine muntere Frau. Und auch muntere Kinder. Und ich sage: ›Man muss in die Zukunft schauen, im Leben geht es immer bergab, aber nie mal bergauf‹, was man halt so sagt, nicht wahr? Aber gut. Der Nachmittag ist vorbei. Wir verabschieden uns. Sie gibt mir einen Kuss. Nicht direkt auf den Mund. Sondern auf die Wange. Aber doch einen Kuss. Und sie ruft den Kindern zu: ›Sagt schön: Tschüss, Papi.‹ Und komisch – aber das fand ich dann doch ein bisschen plötzlich.« Er leerte sein Glas.

»Findest du das nicht auch plötzlich, nach so einem ersten Nachmittag?«, fragte er.

»Es ist plötzlich«, gab ich zu.

»Nun habe ich da in der Gegend zufällig einen Bekannten wohnen«, fuhr er fort, »und bei dem schaue ich mal kurz vorbei. Ich erzähle ihm von der Frau. Und er sagt: ›Jan, Mensch, lass die Finger davon, denn bei der läufst du gnadenlos auf Grund.‹ Und das hat eigentlich meinem Zögern wieder Nahrung gegeben, weil es so plötzlich gekommen war, das mit dem ›Tschüss, Papi‹, obwohl es muntere Kinder waren und sie ein taffes Weib, daran lags nicht. Und jetzt habe ich sogar einen Brief von ihr gekriegt, an die Adresse meiner Mutter, die bettlägerig ist, aber ich dachte: Nein, das bringt sowieso nichts. Also habe ich nicht geantwortet. Ich bin einfach wieder in den Gasthof gegangen. Und da saß unten wieder der alte Mann und weinte. Nicht so schlimm wie beim letzten Mal. Eigentlich nur ein bisschen. Und ich dachte: Ach, Jan, gar nicht drum kümmern. Und ich lege die Sache mit dem Wirt des Gasthofs bei. Jetzt bin ich wieder da, in meinem kleinen Zimmer mit dem Radio auf Raten, das mich wenigstens von der Kneipe fernhält. Ach, weißt du was: Man lernt im Leben.«

Ein Träumer

Der eine Mann hätte eine Anzeige in einer Zeitung gelesen. Erzählte er. Er saß am frühen Nachmittag in der noch nahezu leeren Kneipe an einem Tisch, einem anderen Mann gegenüber, von dem ich nicht mehr als seinen mächtigen Rücken sehen konnte.

Der Erzähler war ein kleiner, blasser Mindestlöhner in den Sechzigern mit abgewetzter Kleidung. Er hatte die heisere, monotone Stimme und den trockenen Husten eines Menschen, der raucht und trinkt. Bei der Anzeige ging es – so hörte ich – um eine verlorene Brieftasche, die siebzehn Tausenderscheine enthielt.

»Da steht«, sagte er, »dass der ehrliche Finder eine Belohnung von tausendsiebenhundert Gulden kriegen soll. Das sind zehn Prozent, tausendsiebenhundert Gulden. Ein hübsches Sümmchen, findest du nicht?«

Der andere schwieg.

»Obwohl – siebzehntausend sind natürlich erheblich mehr«, fuhr der kleine Mann fort. »Das ist kein hübsches Sümmchen Geldes – das ist ein Kapital. Mit tausendsiebenhundert kann man was machen, klar, aber mit siebzehntausend kann man erheblich mehr anstellen, oder nicht?«

Der andere Mann schwieg. Er bewegte sich auch nicht. Vielleicht schlief er mit offenen Augen. Wer weiß. Ich sah nur seinen Rücken.

»Wenn ich jetzt diese Brieftasche fände, hä, was würde ich dann tun?«, fragte der Redner. »Zurückbringen und meine tausendsiebenhundert Piepen kassieren? Könnte ich machen. Mach ich aber nicht. Bin ich denn verrückt? Ich werde die Brieftasche natürlich behalten. Das kratzt mich überhaupt nicht. Denn guck mal: Wenn jemand mit siebzehntausend Gulden in der Tasche herumläuft, ist das keine arme Witwe, die ich ums letzte Hemd bringe. Das ist ein reicher Stinker. Der hat Millionen auf der Bank. Und soll ich dem dann die siebzehntausend auch noch hinterhertragen? Ich werde mich hüten. Das wäre, als würde man ein Fass Bier in die Kneipe rollen. Nein, ich behalte meine siebzehntausend mal schön selbst. Und alles andere ist mir egal.«

Auf seinem blassen, naiven Gesicht zeigte sich nun ein behagliches kleines Lächeln, und seine Augen bekamen etwas Verträumtes, als er weitersprach: »Ich werde natürlich nichts Verrücktes machen. Keine Lokalrunden schmeißen. Oder teure Sachen kaufen. Dann heißt es doch gleich: ›Wie ist er an das Geld gekommen?‹, und bevor du es weißt, hängst du. Nein, so dumm bin ich nicht. Ich lege meine siebzehntausend Gulden an einen sicheren Platz bei mir zu Hause. Ich weiß genau, wo. Und die Brieftasche, auch wenn sie aus feinstem Leder ist, schmeiß ich in die Gracht. Die reinste Sünde, klar, aber ich kann mir dann so viele Brieftaschen kaufen, wie ich will. Aber das mache ich nicht. Ich mach überhaupt nichts. Lass erst mal Gras drüber wachsen. Ich warte ein Jahr. Ich warte zwei Jahre. Die siebzehntausend Gulden liegen ruhig da. Kostet mich ja nichts, oder?«

Der andere Mann schwieg.

»Nun, und nach den zwei Jahren gehe ich eines Tages zur Bank und sage: ›Wechseln Sie mir mal eben 'nen Tausender.‹ Dann kriege ich zehn Hunderter. Ich gehe in ein großes Zigarrengeschäft, kaufe eine ordentliche Kiste und sage zu dem Kerl: ›Ich habe nur einen Hundert-Gulden-Schein, ist das ein Problem?‹ Natürlich ist es das nicht. So kriege ich den Hunderter klein. Um zum Beispiel in der Kneipe hier zu bezahlen. Denn wenn ich gleich einen Hunderter auf die Theke legen würde, würde es auch hier Gerede geben, oder? Gut, ich hab dann zwar einen ordentlichen Sack voll Geld bei mir, aber ich werde noch immer keine verrückten Sachen anstellen. Aber genießen, das schon. Ich kaufe mal einen schönen Anzug. Und zwei, drei Monate später einen bequemen Armsessel, du weißt schon, so einen, in dem man so richtig schön sitzt. Einen Fernseher nicht. Was soll ich mit einem Fernseher? Übrigens, ein Fernseher reißt ein tiefes Loch. In dein Kapital. Nein, dann kauf ich lieber ein hübsches Schränkchen. Und im Sommer mache ich eine Rheinfahrt. In aller Ruhe …« Jetzt strahlte sein Gesicht vor Freude.

Während seine Augen weiter träumten, erhob der andere Mann endlich seine Stimme. »Aber du hast die Brieftasche doch nicht gefunden?«, fragte er.

Der kleine Kapitalist wachte mit einem Schlag auf.

»Nein«, antwortete er betrübt.

Es entstand eine lange Pause. Dann sagte er: »Ach, ich sollte sie doch besser zurückbringen und mit den tausendsiebenhundert zufrieden sein. Denn bei den Tausendern sind die Nummern fast immer registriert.«

Das strenge Nein

Ich war in einer Kneipe im Jordaan, wo ein lumpig gekleideter Mann friedlich mit dem Kopf auf dem Tisch neben einem Musikautomaten schlief, der in voller Lautstärke einen Twist hervorbrachte. Zwei ein wenig verwildert wirkende junge Leute und ein Vater mit seiner höchstens fünfjährigen Tochter tanzten mit jenen kantigen Armbewegungen, die mich immer an Menschen erinnern, die in Kriegszeiten auf Befehl des Feindes Schützengräben ausheben. Es war früh am Nachmittag. Unsicheren Schrittes betrat ein Mann mit einem lasterhaften, aber uninteressanten Gesicht die Schankstube. Es war einfach nicht lasterhaft genug. Während er sich am Thekengeländer festklammerte, bestellte er ein Bier.

Der Wirt, der zwar jung, doch schon mit allen destillierten Wassern gewaschen war, warf einen abschätzenden Kennerblick auf ihn und sagte: »Nein, du kriegst nichts mehr.«

Der Mann trug es wie ein Mann.

»Gut«, sagte er.

Und er ging – wiederum unsicheren Schrittes – zur Tür. Ein kurzer, demütigender Vorfall. Während der

Musikautomat spielte, der lumpige Mann friedlich weiterschlief und sich der Vater mit dem Töchterchen weiter in den Twist vertiefte, dachte ich an das eine Mal in meinem Leben, als es auch mir passiert war, dass mich ein Wirt angeschaut und mir gesagt hatte: »Nein, du kriegst nichts mehr.«

Und merkwürdigerweise befand ich mich an diesem Abend in einem Zustand vollkommener Nüchternheit, denn ich hatte den ganzen Tag über noch kein Glas angerührt. Das war vor vielen Jahren, in der Zeit, als ich noch oft und im ganzen Land lustige Vorträge hielt und kurze Texte vorlas, weil ich glaubte, auf die Weise ein klaffendes Schuldenloch beim Finanzamt stopfen zu können, mit dem Gold, dessen der Staat für seine Schnellstraßen und Düsenjäger bedurfte. Das erwies sich als einer meiner vielen Irrtümer, denn von den Honoraren blieb, aufgrund eines unvernünftigen Lebenswandels, wenig übrig, und außerdem wurde ich durch das regelmäßige lustige Vortragen langsam, aber sicher reif für die Klapse.

Verstehen Sie mich recht – ich bewahre an viele dieser Abende, wenn mir in einer hübschen Stadt oder einem liebenswerten Dorf ein freundliches Publikum zuhörte, die zartesten Erinnerungen. Doch es gibt in diesem Land ein paar unvorstellbar trübsinnige Ansiedlungen, in denen Menschen leben, die dort auch unbedingt hingehören.

Aber, um mit dem Kabarettisten Wim Kan zu

sprechen: »Nein, nein, nein, nein, wir nennen keine Namen.«

Doch es gibt sie – ich schwöre es Ihnen. Und an jenem Abend im Winter hatte ich in solch einem Ort und vor solch einem Publikum mein Programm zum Besten gegeben.

Als es vollbracht war, konnte ich noch einen Zug zurück nach Amsterdam erwischen. Ich ging in einem Zustand großer Niedergeschlagenheit durch die bereits schlafenden Straßen dieses schaurigen Orts zu dem kleinen Bahnhof. In ihm befand sich ein einziger Mann mit einer Eisenbahnermütze auf dem Kopf, und der Mann sagte: »Wenn Sie nach Amsterdam müssen, haben Sie noch eine Dreiviertelstunde Zeit.« Ich überquerte die Straße und ging in Richtung einer kleinen Kneipe, in der noch Licht brannte. Ich fand, dass ich mir einen Schluck verdient hatte. Ich öffnete die Tür. Da waren nur noch drei Gäste. Der Mann hinter dem Zapfhahn hasste mich auf den ersten Blick. Er war schon alt und kam mir vor wie jemand, der in seiner Jugend gern Klavierstimmer hatte werden wollen, es aber wegen eines despotischen Vaters nicht werden durfte. Und jetzt hatte er die Kneipe hier.

Ich begab mich zur Theke und sagte: »Ein Bier.«

Und er warf mir denselben, abschätzenden Kennerblick zu und sagte: »Nein, du kriegst nichts mehr.«

Dabei war ich trocken wie ein Schwamm in der Wüste – ich schwöre es Ihnen. Doch der leidvolle Abend

in diesem traurigen, kleinen Saal stand mir wahrscheinlich ins Gesicht geschrieben. Und ebenso wie der Mann
im Jordaan sagte ich: »Gut.«

Und ich verließ die Kneipe, zwar nicht schwanken-
den Schrittes, doch ebenso gedemütigt. Ich gebe schon
seit Jahren keine Lesungen mehr. Aber manchmal fahre
ich im Zug an diesem Ort vorbei. Die kleine Kneipe
gibt es immer noch. Und im Vorbeifahren denke ich
wieder an diesen Abend und fühle mich tief befreit.

Titanen

Eigentlich war es schon vom ersten Moment an schiefgegangen. Man spürt so etwas. Es liegt in der Luft.

Der Mann hatte sein Auto geparkt und das ein wenig rustikal wirkende Ausflugslokal an der großen Ausfallstraße betreten, in dem ich ganz allein saß und Post beantwortete. Ein gewöhnlicher, plumper Holländer in den Vierzigern. Geschäftlich unterwegs, dachte ich. Kein Gedichtbandleser. Eher einer, der auf Eintopf abonniert ist. Er stand mit beiden Beinen fest auf dem Boden und hatte einen dieser finsteren Blicke, die sich niemals geschlagen geben. Mitten im Café sah er sich um, als würde es ihm gehören, und sagte in einem Ton, der auch schon nichts taugte: »Bring mir 'ne Tasse Kaffee. Und wo ist das Telefon?«

Als der Wirt antwortete: »Da, im Flur«, stand bereits fest, dass wir es hier mit einem Fall wechselseitiger Antipathie auf den ersten Blick zu tun hatten. Er ging kurz hinaus und kam mit einem Kaffee zurück, den er auf einen Tisch am Fenster stellte, während der Mann im Flur mit dem Telefon beschäftigt war. Der Kern der unverkennbaren Spannung zwischen beiden lag in der Tatsache, dass sie einander ähnelten, was insbesondere autoritäre, in der Sphäre der Macht verkehrende Männer nur schwer ertragen. Der Wirt stand mit den Beinen ebenso fest auf dem Boden und sah sich auf genau dieselbe Art im Café um. Aber es war ja wirklich seins, das machte den Unterschied. Er warf noch einen mürrischen Blick auf die Kaffeetasse, die er abgestellt hatte, und verschwand dann hinter einer Tür mit der Aufschrift »Privat«. Der Mann kam nun wieder zurück und nahm an seinem Tisch Platz. Ich sah ihm auf den Rücken, ein beredter Rücken, ein Rücken voller Klagen. Es vergingen zehn unruhige Minuten. Dann erschien der Wirt wieder.

»Sag mal«, rief der Mann. Er wartete, bis der andere zu ihm kam. »Ich möchte gern noch eine Tasse Kaffee«, sagte er.

Der Wirt nickte unfroh und nahm das kleine Tablett vom Tisch. Als er damit fast an der Tür war, sagte der Mann: »Aber gib mir dann eine saubere Tasse.«

Der andere an der Tür schwieg. Er fragte nicht, warum. Er stand nur da, in konzentriert angespannter Erwartung, wie ein Judokämpfer, der bereit ist für den folgenden Griff.

»An dieser Tasse hier war Lippenstift«, fuhr der Mann fort, »das ist nicht so appetitlich.«

Er gönnte sich eine großzügige Pause. Die Mitteilung hing wie eine Gewitterwolke in der Luft.

Der Wirt hob die Tasse langsam in die Höhe und sagte: »Ich sehe nichts.«

Der Mann schüttelte den Kopf.

»Ich habs abgewischt«, sagte er, »weil du nicht in deinem Laden warst.« Carambolage: zwei Treffer in einem Satz. Der Wirt presste die Lippen zusammen.

»Willst du trotzdem noch einen Kaffee?«, fragte er, das Duzen übernehmend. Seine Stimme klang ein wenig heiser.

»Ja«, antwortete der Mann, »dein Kaffee lässt sich schon trinken. Wenn die Tasse nur sauber ist.«

Der Wirt öffnete kraftvoll die Tür. Binnen weniger Sekunden war er zurück und stellte dem Mann das kleine Tablett hin. Der beobachtete ihn dabei. Und wieder wartete er, bis der andere fast an der Tür war, um zu rufen: »Sag mal.«

Der Wirt drehte sich um. Es lag ein tiefer, gefährlicher Hass in dem Blick, mit dem er ihn ansah.

»Vielleicht liegt es an meinen Augen«, sagte der Mann träge, »aber ich sehe hier immer noch was Rotes an der Tasse.«

Er zeigte mit seinem plumpen Finger darauf. Der Wirt rührte sich nicht.

»Ich dachte, du hättest es abgewischt«, sagte er mit gepresster Stimme.

»Offenbar nicht alles«, erwiderte der Mann. »Sieh nur.«

Steifbeinig ging der Wirt auf ihn zu und nahm das Tablett wieder hoch. Sein Gesicht war rot, und seine Lippen waren fest zusammengepresst wie bei einem

Zirkusartisten, der an seinen Zähnen unter der Zirkuskuppel hängt. Er trug das Tablett zwei Tische weiter, zog ein dreckiges Taschentuch heraus, wischte damit kurz die Tasse ab und stellte sie ihm dann wieder hin. Der Mann blieb eine Weile reglos sitzen, um diesen Zug zu verarbeiten.

»Was kriegst du von mir, zusammen mit dem Telefon?«, fragte er endlich.

»Eins fünfzig.«

Er legte das Geld neben die volle Tasse und stand auf. An der Tür drehte er sich noch mal um und sagte träge: »Weißt du, was auch noch gehen würde? So eine Tasse in ein bisschen warmer Seifenlauge abzuwaschen.«

Dann war er verschwunden. Der Wirt hielt sich mit beiden Händen an der Tischkante fest und atmete sehr tief.

Mord

Neulich gaben George und Lucy eine Cocktailparty.
Der Anlass ist mir, ehrlich gesagt, entfallen, aber sie fand
in einem Saal des Amstelhotels statt, was zwar kostspie-
lig, aber praktisch ist, denn die Getränke und Häppchen
wurden von vornehmen Kellnern feierlich herumgetra-
gen, und man brauchte hinterher nicht all das Geschirr
abzuwaschen. Ich war eingeladen, weil ich George früher mal gekannt habe – eine Seele von Mensch, der
schon auf der Akademie sehr schön malen konnte. Er
ist jetzt sechsundfünfzig und stand im Mittelpunkt der
Party mit dem Gesichtsausdruck eines Menschen, der
soeben einen Liter Essig bis auf den letzten Tropfen
ausgetrunken hatte. Lucy kam und begrüßte mich mit
großen, strahlenden Funkelaugen. Sie strahlt immer
so, wegen der Pillen, die sie von einem teuren Doktor
bekommt, der weniger ein Arzt, sondern viel eher ein
williger Verschreiber pharmazeutischer Produkte mit
angenehmer Wirkung ist, die man ohne Rezept nicht
bekommt. Lucy ist im Gespräch immer sehr liebens-
würdig zu mir. Sie hasst mich. Sie ist Georges Lady
Macbeth, das weiß ich. Und sie weiß, dass ich es weiß.

Als er sie seinerzeit heiratete, war sie ein hübsches

Mädchen mit eisernem Willen und scharf umrissenen Zukunftsplänen, die auf alle *dreams that money can buy* hinausliefen: die Villa, das bessere Auto, den Bungalow im Süden und die Kleider, die so raffiniert schlicht aussehen, dass sie unbezahlbar sein müssen. Sie stammte aus einer sehr guten Familie und hatte aus George, dessen feinfühliges und hilfloses Äußeres es ihr angetan hatte, binnen fünf Jahren einen mondänen Maler von Frauenporträts gemacht. Ich habe mal eine Ausstellung davon gesehen. Der Duft von Chanel kam mir schon im Gang entgegen, und wenn Sie mich fragen, so benutzt er keine Farbe, sondern in Limonade aufgelöste Zuckerplätzchen. Er malt so eine Frau nicht – er putzt sie heraus, bis sie so furchtbar schön ist, dass sie sich nach der letzten Sitzung vor sich hin summend zum Kaufhaus Metz in der Leidsestraat fahren lässt, um dort etwas völlig Unnützes zu kaufen.

»Gefällt es dir ein bisschen?«, fragte Lucy.

Sie strahlte wieder so pharmazeutisch. Trotzdem ist sie eigentlich schon tot. Denn sie hat, irgendwo tief in ihrem Inneren, noch den Rest eines Gewissens und begreift, in seltenen Momenten der Einkehr, dass sie es war, die ihn der Karriere wegen in dieser dunklen Blutnacht zur Ermordung des in ihm schlummernden Königs Talent angestiftet hatte. Angestiftet mit all ihren Höllenkräften, da sie wusste, dass sein Herz noch »zu voll der Milch menschlicher Güte war, den nächsten Weg zu gehn«.

Die erste mondäne Frau wurde mondän auf die Leinwand geschwindelt, und George konnte mit Macbeth sagen: »Ich hab die Tat getan.«

Anfangs war da noch das gemeinsame Sinnieren über die befleckte Seele gewesen, denn damals liebten sie sich noch. Und oft hatte Lucy Macbeth sagen müssen: »Euch fehlt das Labsal aller Wesen, Schlaf.«

Doch sein Ruf als pinselnder Schönfärber war bereits gefestigt, und die Damen fuhren in ihren Schlitten vor wie bei einem Schönheitssalon. Lucy hatte es nicht einmal so böse gemeint, doch es kam der Abend, an dem George, der neben ihr auf dem Sofa saß, sich von seinem Platz erhob und die furchtbaren Worte sprach: »Blut fordert Blut.«

Da wusste sie, dass ihr Los besiegelt war und er fortan aus eigenem Antrieb handeln würde, ohne ihren Ansporn. Und dass ihre Liebe vorbei war. Er ging seinen Weg des geringsten Widerstandes und verübte all die Jahre, einsam neben ihr, Mord um Mord, verbrach Gemälde um Gemälde.

»Eigentlich war es eine schöne Zeit, früher«, sagte George mit einer Art Lächeln zu mir.

Ich hätte fast geantwortet: »Vor dem Tod des Königs, meinst du.«

Doch er würde es nicht einmal mehr verstanden haben. Er ist bereits zu weit gegangen. Er ist nur noch unglücklich. Und seine Lady Macbeth wird niemals Hand an sich selbst legen, um ihn, erstarrt in Einsamkeit und gefährlich bissig wie eine in die Enge getriebene Ratte, erkennen zu lassen, dass sein Leben eine Fabel ist, erzählt von einem Idioten. Sie ist übrigens schon vor langer Zeit gestorben, aber sie hat ihre Pillen, ihre Pelzmäntel und ihre Preziosen.

»Schau mal, den Ring hat George mir geschenkt. Hübsch, nicht wahr?«

(»Hier sitzt der Blutgeruch noch immer; alle Wohlgerüche Arabiens nehmen ihn nicht von dieser kleinen Hand.«)

Ich verabschiedete mich. Sollte ich irgendwann einmal auch meinen Mord verüben, werde ich die zwölf Jahre mit dem kompletten Shakespeare auf den Knien absitzen. Dann wird meine Zelle ein Wald voller Menschen. Aller Menschen.

Joops Urlaub

Joops Urlaub steht wieder an. Er macht irgendwas im Hafen, und das sieht man ihm auch an. Er ist sehr groß mit breiten Schultern und hat zwei riesige, schwielige Pratzen. Ein netter Mann. Mien, seine Frau, ist übrigens auch taff und ganz sein Format. Er nimmt sie immer mit in die Kneipe an der Ecke, denn um so eine Ehe geht es hier. Nicht: er abends einen heben und sie zu Hause vor dem Fernseher. Nein, zusammen in die Eckkneipe, an guten wie an schlechten Tagen, wie sie es dem Standesbeamten im Rathaus seinerzeit feierlich gelobt haben.

Joop trägt immer dunkle, grobe Anzüge einer unbestimmten Farbe. Aber als ich an diesem Montagnachmittag hereinkam, sah er gänzlich anders aus. Eine helle Hose. Und so ein lose hängendes Hemd mit roten Streifen.

»Ja, heute fahre ich in Urlaub«, sagte er. »Ich hab so einen Transporter gemietet. Er steht schon vollgepackt vor der Tür, mit allem, was man so braucht: einen Tisch, ein paar Stühle, ein Radio, Fressalien. Mien kümmert sich um den Rest. Und heute Abend fahren wir los. Nach Italien. In einem langen Rutsch, die ganze Nacht durch.«

»Schön«, sagte ich.

Und ich bekam ein Bier und noch eins und die anderen Jungs ebenfalls, denn Ferien sind schließlich etwas Festliches, nicht wahr? Gegen sechs kam Mien in einem Kleid mit ziemlich vielen Blumen darauf. Ich sagte es schon – sie ist taff. Sie hat nie dieses Etwas in ihrem Blick, das Frauen haben, die ihre Männer holen kommen. Aber sie mag kein Bier. Gib ihr dann einfach einen Branntwein. Und noch einen Branntwein. Und Joop ein Bier. Und wir alle auch noch ein Bier. Und wo es gesellig ist, vergisst man die Zeit – das hängt eingerahmt über der Theke, gleich neben »Tu, was du willst – die Leute reden sowieso«, was nur allzu wahr ist.

Gegen zehn sprach Joop das erlösende Wort.

»Seht mal, ich werde den langen Rutsch doch nicht mehr schaffen. Ich stehe morgen früh auf, dann fahren wir umso frischer.«

Mien fand das auch, und wir tranken alle noch etwas, und bevor wir es merkten, war es schon ein Uhr.

Am folgenden Nachmittag stand Joop an der Theke, als ob er nie weg gewesen wäre.

Nun, aus dem frühen Aufstehen war nichts geworden. Er stand das ganze Jahr über früh auf. Durfte er sich dann im Urlaub nicht vielleicht noch einmal umdrehen? Heute Abend, nach dem Essen, würden sie in aller Ruhe losfahren. Mien schaute auch noch kurz vorbei, und ich verabschiedete mich und wünschte ihnen viel Spaß, und sie schrieben meine Adresse auf einen

Bierdeckel, für die Karte vom Schiefen Turm von Pisa, denn den wollte Joop sich gern noch mal anschauen, bevor er umfiel.

Das war an einem Dienstag.

Als ich am Freitagnachmittag hereinkam, hatte Joop wieder ein normales Hemd an, was ihn sehr viel vertrauter machte.

»Ach, Mensch«, sagte er, »dieses Italien – das ist ein ganzes Stück von hier, und Mien hat in der Zeitung gelesen, dass es da bullig heiß ist, und ein richtig kaltes Bier ist da auch nicht zu kriegen. Also – jetzt fahren wir mal nach Valkenburg. Da ist es ja auch schön. Man sollte bitte schön auch sein eigenes Land zu würdigen wissen. In einer halben Stunde fahren wir los.«

Doch da kommt fünf Minuten später ein Mann herein, mit dem er noch zusammen gedient hat. Auch so ein Schrank von einem Kerl. Und quietschfidel. Na ja, und wenn man erst einmal anfängt, sich über die Panzertruppe zu unterhalten und über dieses Ekel von Unteroffizier, hört man doch nicht plötzlich auf, weil man unbedingt nach Valkenburg muss?

Mien kam auch dazu, in einem Kleid mit wieder etwas andersfarbigen Blumen. Sie beließ es beim Branntwein, und es wurde viel gelacht. Dann kam ein sonnenverbrannter Mann herein, dessen Urlaub gerade vorbei war, und der, als hätte ihn der Himmel geschickt, mitteilte, dass man in der ganzen Provinz Limburg nur noch Deutsch höre.

»Na, dann fahre ich nicht!«, rief Joop und schlug kräftig auf den Tisch. »Ganz bestimmt setze ich mich in meinem Urlaub zwischen all die Moffen. Nach allem, was sie uns angetan haben.«

Das fand Mien auch.

Sie hat den Transporter wieder ausgeladen.

Und heute ist Joop frisch und munter wieder zur Arbeit gegangen.

Die Leidsestraat

Das Café le Vinicole in der Leidsestraat öffnet pünktlich um vier Uhr nachmittags. Wenn ich dort um fünf nach vier eintrete, bin ich der einzige Gast. Das hat den Vorteil, dass man dann vollkommen sicher sein kann, einen Tisch am Fenster zu bekommen. Sitzt man hinter den Gardinen, ist man der Mann mit der Tarnkappe: Man sieht, ohne gesehen zu werden.

In der Leidsestraat gibt es viel zu sehen. Dort laufen keine gewöhnlichen Menschen herum. Ich glaube, die dürfen die Straße gar nicht betreten. Fremde gibt es dort umso mehr. Auch wenn sie kein fremdländisches Äußeres aufweisen, kann man sie an der Art erkennen, wie sie sich fortbewegen – schlendernd, ziellos und prinzipiell offen für ein Wunder. Die Einheimischen, die es besser wissen, schreiten zügiger voran. Vielleicht gehen sie irgendwohin, obwohl man sich da in der Leidsestraat nie ganz sicher sein kann. Ein romantischer Verkehrszähler würde auf seiner Strichliste eine ungewöhnliche Anzahl Verliebter vermerken – wie auch viele junge Männer, die es gern werden würden. Sie tragen die verführerischen Anzüge, für die man sehr schlank sein muss, oder diese hochgeschlossenen Jacken, die zu Unrecht den

Eindruck erwecken, dass es in der Stadt von jungen Priestern wimmelt.

Auf der gegenüberliegenden Straßenseite kommt ein mir bekannter Werbetexter vorbei, dem in einem Augenblick der Gnade die »gackerfrischen Eier« eingefallen sind. Sein Gang sieht gefährlich nach einem Zug um die Häuser aus, er wird heute Nacht nicht früh ins Bett kommen. Aus einer Seitenstraße kommt ein dicker Mann mittleren Alters in einem etwas zu großen, zerknitterten Anzug angeschlendert. Ich kenne ihn schon seit Jahren vom Sehen und mag ihn ein wenig. Er hat dunkle, schwermütige Augen und die Hilflosigkeit eines mutterlosen Kindes. An einem dieser unerträglichen Herbstnachmittage saß ich einmal neben ihm am Lesetisch des Parkhotels und hörte ihn zum Kellner sagen: »Ach, bringen Sie mir doch noch so einen kleinen Cognac, denn es ist so ein trauriges Wetter.« Er sagte es so wohltönend, dass es fast wie eine Gedichtzeile klang. Wenn ich ihn auf der Straße sehe, denke ich immer daran und sehne mich dann ein bisschen nach dem Herbst.

Die Ampel springt auf Rot, und ein schneeweißer, offener Sportwagen hält direkt vor meinem Tisch. Am Steuer sitzt ein junger Mann und schaut genauso drein, wie man dreinschauen muss, wenn man in der Leidsestraat in einem schneeweißen, offenen Sportwagen sitzt. Das muss dann schon genau passen. Man darf nicht so schauen, als würde man es toll finden. Eher ein bisschen mürrisch und gelangweilt, wie eine wunderschöne Frau, die weiß, dass alle sie begehren, und die sich deshalb in der Öffentlichkeit nie mal einfach normal geben darf.

Die Ampel wurde grün, und der junge Mann brauste mit seinem aufsehenerregenden Fahrzeug davon.

Ich beneidete ihn nicht. Sie meinen vielleicht, dass mir in diesem Falle bloß die Trauben zu hoch gehangen hätten, aber ich dachte an all das Theater, das er noch vor sich hatte: heiraten, Karriere machen, die bittere Süße des Kindersegens, kurzum die ganze Serie von Beinahe-Katastrophen, an die man später, wenn es dann doch noch gut gegangen ist, mit Schaudern zurückdenkt.

Auf der gegenüberliegenden Straßenseite ging ein Fräulein vorbei, das sich in einem Geschäft zum Kauf eines blütenweißen, bis auf die Nasenwurzel heruntergezogenen Hutes hatte überreden lassen, mit dem sie aussah, als sei sie von einem Dachziegel getroffen und gerade in der Apotheke provisorisch verbunden worden. Die Verkäuferin in dem Geschäft musste eine Sadistin sein. Frauen tun einander übrigens mehr an als Männer, das wird mir keiner ausreden können.

Die Drehtür des Cafés kam in Bewegung und spuckte ein junges Ehepaar aus, das bestürzt zu mir herübersah und sich dann eilig wieder ins Freie drehte.

Ich hätte vielleicht lachen oder winken sollen.

Um den Verlust für das Café ein bisschen auszugleichen, bestellte ich noch ein Glas Wein. Ein alter

Mann mit tiefen Furchen im Gesicht kam vorbei, der mir hauptsächlich auf der Suche nach einem ruhigen Plätzchen zu sein schien, wo er sich in Ruhe aufhängen konnte. Die Düsternis, die er verursachte, wurde aber gleich wieder von einem sehr flinken Passanten aufgehellt, der große Ähnlichkeit mit dem Herrn Dirigenten Anton Kersjes hatte.

Er erinnerte mich an den kleinen Sohn einer meiner Freunde, der, als das Fernsehen ein Sinfoniekonzert ausstrahlte, auf den Dirigenten zeigte und fragte: »Warum läuft dieser eine Mann da frei herum?«

Junger Mann
mit blauem Auge

Es war elf Uhr vormittags. In der Kneipe, die ich betrat, lag eine dicke Frau auf den Knien und wischte den Boden, während der Wirt auf einer kleinen Leiter stand und damit beschäftigt war, auf einem hohen Regalbrett Flaschen zu ordnen. Nur ein einziger Gast saß vor einem Jeneverglas, ein dicker Mann um die dreißig, der ein enorm großes blaues Auge hatte und aussah, als hätte er in seinen Kleidern geschlafen. Der Wirt stieg von der Leiter herab, um mir ein Bier zu zapfen. Für mich war es das, was man »einen Tag mit einem kleinen Loch« nennt. Die Kneipe roch gefährlich nach Bier, Zigarrenasche und rohem Vergnügen, und der Ofen bullerte gerade richtig. Ich nahm einen Schluck und versuchte, nicht auf das blaue Auge des Mannes zu sehen. Aber ich versuchte es so sehr, dass er sagte: »Tja, ich weiß auch nicht, wie ich dazu gekommen bin. Da muss etwas passiert sein. Gestern. Oder vorgestern. Aber was? Ich habe es vergessen.«

Er zuckte mit den Achseln.

»Aus mir wird sowieso rein gar nichts«, sagte er. »Und alles wegen dem hier.«

Er zeigte auf das halb volle Glas. Der Wirt war wieder auf die Leiter geklettert, und die dicke Frau fragte, ob ich einen Schritt zur Seite treten könnte, da ihr Wischlappen die Stelle erreicht hatte, an der ich stand.

Ich ging zu dem Mann und setzte mich ihm gegenüber hin. Er sagte: »Ich sollte mich eigentlich vom Acker machen. Weg. Aus Karel wird sowieso nichts. Aber na ja …«

Er trank sein Glas aus und bekam einen Hustenanfall, der lange anhielt und ihm die Tränen auf die Wangen trieb. Endlich hatte er sich ausgebellt und sagte: »Ich wohne zur Miete in einem Zimmer. Na ja, Zimmer … Ein Loch. Da ist nicht mal ein Fenster drin. Immer Kunstlicht. Sechzig Mäuse verlangt das Weib auch noch dafür. Eines Abends liege ich früh im Bett. Es war bei mir wieder ein paar Tage lang völlig daneben gewesen. Ich dachte: Du solltest dich vom Acker machen, Karel. Das ist die einzige Lösung. Aus dir wird sowieso nichts. Nun hatte ich vom Doktor gerade Tabletten gekriegt, um schlafen zu können. Denn ich konnte nicht schlafen. Und wenn man nachts wach liegt, kriechen einem die Gedanken wie Ungeziefer in den Kopf. Gut, ich nehme ein Glas Wasser, schlucke alle fünfundzwanzig Tabletten runter und merke, wie ich davongehe. ›Tschüss, Karel‹, habe ich noch gesagt. Ich hatte überhaupt keine Angst. Ich wollte Ruhe. Endlich Ruhe.«

Der Wirt war wieder von der Leiter heruntergestiegen.

»Gib uns noch was«, sagte ich, denn mir fiel keine andere Medizin für den jungen Mann ein. Der Wirt schenkte uns widerwillig ein. Der Mann betrachtete das volle Glas, rührte es aber noch nicht an.

»Und was glaubst du, was passiert?«, sagte er. »Ich wache in einem frisch bezogenen Bett auf, das Zimmer ganz hell, und ein Mann im weißen Kittel steht über mich gebeugt und fragt: ›Wann sind Sie geboren?‹ Ich sage: ›Im November, glaube ich.‹ Da fragt er: ›Wer war Ferdinand de Lesseps?‹ Ich sage: ›Das war ein Bursche, der einen Kanal gegraben hat, aber wo bin ich hier eigentlich? Im Kindergarten?‹ Nein, ich war im Wilhelmina-Krankenhaus. Und da wollte ich sofort raus. Aber das durfte ich nicht. Ich habe noch um mich geschlagen. Da haben sie mir eine Spritze gegeben, und ich bin wieder eingeschlafen.«

Er drehte ein wenig am Fuß seines Glases herum, trank aber noch nicht. Seine Hand zitterte heftig, sodass er etwas von seinem Jenever auf dem Tisch verschüttete.

Der Wirt sah zu, feindselig schweigend.

»Vor einem Monat haben sie mich aus Pavillon drei gehen lassen«, sagte der Mann. »Tschüss, Karel, geh wieder zurück ins Leben. Ich habe eine Weile in einem Hotel gearbeitet. Richtig gearbeitet. Und aufgepasst. Und Lohn kassiert. Das war vorgestern. Glaube ich wenigstens …«

Er dachte kurz darüber nach.

Dann gab er es auf und sagte schulterzuckend: »Na ja, was solls. Heute Morgen wache ich in einem fremden Zimmer auf und sitze in einem Sessel. Mit dem Auge hier. Ich sehe nach draußen. Auf so einen neumodischen Platz. Es ist sieben Uhr morgens. Ich gehe in den Flur, ich mache eine Tür auf. Ein Schlafzimmer. Auf dem Bett liegt ein alter Kerl und pennt, komplett angezogen, mit Regenmantel und Schuhen an. Bloß sein Hut lag neben dem Bett. Ich kannte den Kerl nicht. Ich hatte ihn nie gesehen. Ich gehe aus dem Haus, fange an zu laufen und laufe und laufe. Bis hierher. Da habe ich alles wiedererkannt und wusste, dass ich in Amsterdam war. Und da sitze ich. Ich habe noch drei fünfzig und eine Karte für zwei Fahrten mit der Straßenbahn. Aber meine Tasche habe ich verloren. Da waren eine ganze Menge Diplome von mir drin. Die hatte ich bei meiner Schwester abgeholt, das weiß ich noch. Aber wo diese Tasche jetzt ist … Vielleicht in dem Haus, bei diesem Kerl. Aber ich weiß nicht mehr, wo dieser Platz ist. So ein neumodischer Platz. Den Platz finde ich nie wieder.«

Nun nahm er einen Schluck und erschauderte.

»Scheiße«, sagte er bitter.

Zwei Käsebrötchen

Als ich den Brötchenladen betrat, fragte ein spindeldürrer Mann, der mutlos dastand und kaute, wie hoch der Schaden sei.

»Was hast du gehabt?«, fragte die Bedienung.

»Zwei Roast, zwei Klöpsken und was Überfahrenes«, antwortete der Mann. Augenscheinlich kroch ein Bandwurm in ihm herum. Während die Registrierkasse dieses stattliche Mittagsmahl rasselnd für die Nachwelt festhielt, überlegte ich, dass ein brillanter Franzose, der an der Sorbonne gründlich unsere Sprache studiert hätte, mit diesem kurzen Satz wohl einige Mühe haben würde. Der Mann zahlte und begab sich widerwillig zu der quälenden Pflicht, die ihn am Leben erhielt. Es war der eigenen guten Laune zuträglicher, ihm nicht hinterherzusehen. Die Bedienung stellte mir das Brötchen hin, auf das ich gezeigt hatte, und sagte, mit übernatürlichen Fähigkeiten meinen Gedanken aufgreifend: »Die Fremden in der Stadt – das ist auch nichts.«

Er sah mich an – ein gesunder junger Mann um die zwanzig, der sich mit dem Leben sehr gut auskannte. Während ich nickte, arbeitete er seine These weiter aus.

»Ich hatte hier gerade eben einen Haufen Italiener. Was ist das bloß für ein Volk! Die Leute schnattern nur und fuchteln ohne Not mit den Armen herum. Sie schlagen einem fast die Teller aus der Hand. Ich sage: ›Hey, hey – ruhig.‹ Geht doch auch ruhig? Stimmts, oder habe ich recht?«

Sein Blick wirkte irgendwie gekränkt.

»Man soll sich normal verhalten, so wie alle«, fand er.

»Ja«, sagte ich.

Er war ein Junge, dem man recht geben musste. Manche Menschen haben nun mal einen Zustand erreicht, der sich nicht mehr beheben lässt. Aus Gründen der Selbsterhaltung pflichte ich ihnen immer lebhaft bei. Das ist feige, natürlich, aber würden Sie in so einem Laden mit vollem Mund ein Plädoyer für das Recht der Italiener auf einen eigenen Volkscharakter halten? Wenn Sie »Ja« sagen, rechne ich Ihnen das hoch an, aber in einer Stadt wie Amsterdam werden Sie damit nicht alt.

Ich nahm noch ein Brötchen.

Da kam ein kleiner, alter Mann herein, vorsichtig und zögernd, wie ein Schafhirte, der einen Palast betritt, um beim Fürsten etwas zu erflehen.

»Kann ich hier ein Butterbrot mit Käse kaufen?«, fragte er.

»Sogar zwei«, antwortete der junge Mann.

»Dann gib mir die mal«, sagte der Alte.

Die Brötchen wurden fertig gemacht und vor ihm hingestellt. Mit einem scheuen Blick zu den Stühlen und Tischen fragte er: »Ist es auch gestattet, Platz zu nehmen?«

»Wenn du willst, kannst du dich sogar lang hinlegen«, antwortete der Angestellte.

Der alte Mann nahm den Teller mit den Brötchen vom Marmortresen, hielt ihn auf Höhe seines Kinns und sagte zur Erklärung: »Seht mal, ich bin es nicht gewohnt, in solche Geschäfte zu kommen. Ich esse immer zu Hause …«

Wir nahmen es zur Kenntnis.

Er fuhr fort: »Aber jetzt ist meine Frau ins Krankenhaus gekommen.«

Der junge Mann grinste breit.

»Sicher auf die Entbindungsstation«, rief er.

Denn wir sind enorm witzig in Amsterdam, man kriegt davon manchmal das Heulen.

Der Alte bewahrte seinen etwas betretenen Ernst und sagte: »Nein. Wenn es nur so wäre. Dann würde ich sie wieder zurückkriegen. Aber ich fürchte, dass sie nicht mehr gesund wird.«

Er schwieg und blieb nachdenklich stehen, den Brötchenteller noch immer auf Höhe seines Kinns.

»Das ist nicht so schön«, sagte der junge Mann.

»Der Doktor hat es mir eigentlich schon zu verstehen gegeben«, fuhr der Mann fort. »Er sagte: ›Da müsste ein Wunder geschehen, Mijnheer.‹«

Er sah auf die Brötchen und dann zum Stuhl hinüber, setzte sich jedoch nicht hin.

»Ein Wunder«, wiederholte er. »Aber Wunder geschehen nicht oft.«

Der junge Mann gähnte.

»Das ist nicht so schön«, sagte er noch mal.

Es langweilte ihn.

Herbstnacht

Ach, Sie sollten sich John nicht zu negativ vorstellen. Sein Lebenswandel erscheint ein wenig unheimlich, aber er kennt viele hübsche Geschichten. Nur – als Bekannter ist er sicherlich ein etwas quirliger Zugewinn.

Er lebt (glücklicherweise) weit weg in London, seinem Geburtsort, wo er in der mit dem Fernsehen zusammenhängenden Publicity-Branche unsagbar viel Geld verdient. Er ist zehn Jahre jünger als ich und wohlgestalt, allerdings immer mit einem Glas in der Hand. Manchmal klingelt bei mir zu Hause das Telefon, und ich höre: »John.«

Dann weiß ich, dass er in der Stadt ist und mir zwei aufreibende Tage bevorstehen. Er hat zwar irgendetwas Geschäftliches in Amsterdam zu tun, verbringt aber dennoch neunzig Prozent seines Aufenthalts mit dem, was Amerikaner so schön als *painting the town red* bezeichnen, und das begehrt er hartnäckig in meiner Gesellschaft zu tun. Meine Frau sagt: »Das erledige mal schön selbst«, denn für sie ist John schon lange erledigt. Also hole ich tief Luft und schreibe zwei Tage meines Lebens ab.

Die Nachmittage gehen ja noch. Ich verwalte mein Glas mit äußerster Umsicht. Und er ist wirklich ein sehr guter Geschichtenerzähler. Anschließend muss viel zu viel und viel zu teuer gegessen werden, denn er quillt nur so über von all dem Publicity-Geld. Und dann kommt der Abend, und der wird am schwersten. Denn er will alle Kneipen abklappern.

Nun hege ich keine Einwände gegen Kneipen, das wissen Sie. Aber John hat eine unausrottbare Vorliebe für schlecht beleuchtete Bars und kleine Nepplokale. Von außen sieht so ein Etablissement noch ganz nett aus. Kleine Vorhänge. Hübsche Farben. Man hört eine undefinierbare Musik. Geht man hinein, ist dort jedoch, abends gegen halb zehn, ausschließlich Personal anwesend, das auf den einen Gast wartet, der ordentlich auf die Pauke haut und den Tag retten muss. Es herrscht eine Stimmung, als wäre soeben jemand entschlafen, der den Anwesenden sehr teuer gewesen ist und nun irgendwo in einer Ecke aufgebahrt liegt, es sitzen einige misslaunige Damen herum, die sofort anfangen, flüssige Provision zu trinken, Lachen wird zwar stillschweigend geduldet, aber man gewinnt doch den Eindruck, dass es aus dem Rahmen fällt, und innerhalb von zehn Minuten ist die Rechnung schon bei achtundsiebzig Gulden. Aber John ist nicht zu bremsen, zehn Jahre jünger als ich und aus Stahl. Und das Geld wird offenbar nie alle.

»John.«

Er war vorige Woche für einen Tag herübergekommen, einem herbstlichen Tag. Und nach dem achten Nepplokal – das Amsterdamer Vergnügungsleben, wie ich es der Bequemlichkeit halber mal nennen will, hatte sich endlich aufs Ohr gelegt – schien der Moment gekommen, an dem ich nach Hause durfte.

Aber John – er verfügt über Radar – sah noch irgendwo Licht, und da mussten wir unbedingt rein. Drinnen befanden sich drei Personen. Hinter der Bar stand ein bis aufs Skelett abgemagerter Privatier männlichen Geschlechts, der, als er uns gewahr wurde, etwas mit seinem weißen Antlitz machte, das in die Nähe eines Lächelns kam. Auf einem Hocker ganz links saß eine Dame, die schon seit Langem ihre Rente genoss und, pompös aufgedonnert, tapfer gegen das Altersheim ankämpfte. Und ganz rechts saß auf einem Hocker ein Mädchen in einem grünen Kleid. Keine Wucht, aber ganz hübsch. Sie hieß Annie. Das erzählte sie John, der gleich neben ihr Platz genommen hatte, auf seine entsprechende Frage hin. Es wurden dann in seinem Auftrag einige Runden bestellt, und der ausgezehrte Privatier hinter der Bar begann, mir einen Witz zu erzählen, den ich schon kannte, gab es aber nach drei Sätzen auf, weil er mir offenbar ansah, dass ich mental zu erschöpft war, um die Pointe noch zu schaffen. Und John machte Annie das unsittliche Angebot, ihm in sein Hotel zu folgen, worin sie einwilligte, allerdings auf eine Weise, in der man dem Obsthändler, wenn er sagt, dass seine Apfelsinen ausverkauft seien, er aber noch ein paar Zitronen habe, antwortet: »Na gut, was solls?« So verließen wir zu dritt das Etablissement.

Draußen stand ein etwa achtzehnjähriger junger Mann in einer schäbigen Regenjacke. Auf der Straße – John hatte seinen Arm um Annies Schultern gelegt – kam der Junge hinter uns her. Amsterdam war sehr dunstig. Auf einer Brücke blieb John plötzlich stehen, drehte sich um und rief – auf Englisch, denn er ist schließlich Engländer – dem Jungen zu: »Du läufst uns hinterher. Warum tust du das?«

Woraufhin der Junge antwortete, ebenfalls auf Englisch, doch das übersetze ich nicht: »I love Annie, Sir.«

Auf einer Brücke in einer herbstlichen Nacht. Und John gab dem Mädchen einen Schubs in Richtung des Jungen mit der Regenjacke und rief: »Dann nimm sie.«

Wir sahen ihnen kurz hinterher und nahmen Abschied. Todmüde ging ich durch ein schlafendes Amsterdam nach Hause. Sie haben recht: Das Leben wimmelt nur so von kleinen Gräueln. Aber manchmal gibt es auch einen Hauch von Poesie, Sir.

Der Nutzen des Prassens

Heute Vormittag hörte ich in einer Kneipe einen alten Mann zu einem anderen alten Mann sagen: »Wenn ich all das Geld, das ich in meinem Leben verprasst habe, jetzt noch hätte, würde ich in einem Schloss wohnen.«

»Tja …«, sagte der andere vage. Er hielt das Ganze offenbar für einen Fall von Was-wäre-wenn. Ich auch, aber mich fragte ja keiner. Übrigens, wenn er in diesem Schloss wohnte, müsste er all sein Geld ans Finanzamt abführen, das derart pompös behausten Leuten gern tief in die Tasche zu greifen scheint. Und das wäre eine Schande. Dann könnte man es besser verprassen, finde ich.

Als der potenzielle Schlossherr und sein ärmlicher Kumpel die Kneipe verlassen hatten, dachte ich weiter über das Thema nach. Auch ich habe in meinem Leben sehr viel Geld verprasst: für alkoholische Getränke, Feiern und übertriebene Mahlzeiten in Etablissements, in denen einem ein junger Mann im Frack, der eigens dafür da ist, minütlich einen sauberen Aschenbecher hinstellt. Aber mir tut es um das Geld nie leid. Übermäßiges Prassen hat, unabhängig von dem Vergnügen, das es manchmal mit sich bringt, den unleugbaren

Nutzen, dass es einen, wenn es sein muss, lehrt, mit einem enthaltsamen Leben zufrieden zu sein. Man kommt nie an einem teuren Lokal vorbei und hat das brennende Verlangen: »Wenn ich dort doch einmal sitzen könnte«, denn man ist schon mal dort gewesen, und was davon übrig geblieben ist, ist die Erkenntnis, dass man eigentlich ebenso gut seinen Magen für einen Gulden in der Cafeteria an der Ecke füllen kann. Man zerkaut dann dort seine preiswerte Nahrung ohne Groll. Das ist der nützliche Bodensatz des Prassens. Wenn man das durchhalten kann, bis man einfach keine Lust mehr darauf hat, ist man gerettet.

Nein, mir tut es nicht leid um mein verplempertes, weggeschmissenes Geld. Leid tut es mir nur um einen ganz bestimmten Zehner.

Aber um das verstehen zu können, müssen Sie erst Henry und Aleid kennenlernen. Ein befreundetes Ehepaar. Nun ja, ein uns bekanntes. Sie kommen zu allen Geburtstagen. Ethisch denkende Leute, verrückt nach einem »offenen Gespräch«, und sie haben zu allem eine gemäßigte Meinung, die sich nett anhört und doch nicht ganz koscher riecht.

Henry lobt mich immer über die Maßen für meine Stück-Werke, die er allerdings niemals liest. Das weiß ich, weil ich manchmal eine Stichprobe mache, indem ich ihm etwas erzähle, das ich drei Tage vorher in der Zeitung geschrieben habe, und dann sagt er nie: »Das weiß ich doch schon.«

Aleid ist eine dieser Frauen, die einem, wenn man ihnen zufällig auf der Straße begegnet, beide weiß behandschuhten Hände entgegenstrecken und ausrufen: »Wie schön, dass ich dich so zufällig treffe, so schön, oder? Das macht mich richtig glücklich.«

Sie erfreut sich so überschwänglich an mir, dass ich denke: Was ist daran denn so schön? Das ist doch nichts Besonderes.

Es liegt an ihrer zwitschernden Übertreibung, die einen zwingt, die Sache nüchtern zu betrachten – und dann bleibt nicht viel davon übrig.

Aber gut, sie sind nun einmal so, die beiden, und im gegenseitigen Umgang sind sie auch ein bisschen salbadernd. Schon seit fünfundzwanzig Jahren gelten sie in unserem Kreis ein wenig als das ideale Paar. Sie wissen schon: nie ein lautes Wort, nie zerbrochenes Geschirr. »Wir sind eigentlich immer noch ineinander verliebt« und mehr solchen Unsinns.

Es tut einem ein bisschen weh, aber man kriegt davon auch ein leichtes Minderwertigkeitsgefühl.

Vor drei Monaten haben sie mit reichlich Frohsinn ihre Silberhochzeit gefeiert. Keine verrückte Party natürlich. Es war eine Art Weihnachtsfeier im September. Sie hatten sich ein gemeinsames Geschenk von uns allen gewünscht. Einen Gasofen. Na denn – ein Gasofen. Wir alle haben einer Freundin, die gesammelt hat, etwas überwiesen.

Ich einen Zehner.

Gut, was ist schon ein Zehner?

Aber nun habe ich gestern erfahren, dass Henry vor einem Monat seiner Aleid weggelaufen ist und jetzt mit einem dreiundzwanzigjährigen Fräulein in wilder Ehe lebt.

Ich kann mir das sehr gut vorstellen.

Und trotzdem fühle ich mich übers Ohr gehauen. Man hat mich schon um größere Summen geprellt, das macht mir nichts aus.

Aber um den einen Zehner für den Gasofen tut es mir leid.

Ziellos dahin

Obwohl mich das nahende Weihnachtsfest eigentlich mit milder Einkehr hätte erfüllen müssen, bekam ich am Nachmittag plötzlich einen Riesenkrach mit meiner Frau, weil sie erklärt hatte, dass sie in einer Angelegenheit des Geistes, an der mir grundsätzlich sehr viel gelegen war, anderer Meinung sei als ich. Ich warf ihr einige Verwünschungen an den Kopf, die sich eigentlich nicht gehören und die man schon gar nicht abdrucken sollte, und verließ stinksauer das Haus, die Tür hinter mir zudonnernd wie ein Mann, der vielleicht nie mehr zurückkommt. Während ich grimmig durch die engen Straßen der Stadt stapfte, begann sich meine Wut ein wenig zu legen und machte einem anderen Gefühl Platz. Durch ihre Bemerkung fühlte ich mich so einsam wie der Damenhandschuh, den man manchmal auf der Straße liegen sieht – die Frau, die ihn verloren hat, hat an dem anderen Handschuh nun auch nichts mehr. Obwohl es noch früh am Nachmittag war, entschloss ich mich zu dem alten Hausmittel: Alkohol. Ich lieh mir fünfzig Gulden von einem befreundeten Gastwirt und gab die erste Bestellung auf. Plötzlich befand ich mich irgendwo anders, und eine Stunde später hörte ich mich selbst lachen, weil der eine rotgesichtige Mann an der Theke sagte: »Junge, früher floss das Geld bei mir wie Wasser«, worauf der andere rotgesichtige Mann antwortete: »Aber du hast es nie für Wasser ausgegeben.« Danach fiel ich irgendwo in einer Ecke in Schlaf und träumte, dass ich, in den Tropen, zwei Jungen auf dem Boden liegen sah, stöhnend und sich verzweifelt in unerträglichen Schmerzen windend. Ein älterer Mann stand daneben und sagte: »Nichts zu machen. Es sind die vergifteten Pfeile.« Und ich wollte etwas rufen, doch der ältere Mann verwandelte sich in einen Gastwirt, der, mit seiner großen Hand auf meiner Schulter, fragte, ob mir vielleicht nicht gut sei. Ich schüttelte zittrig den Kopf. Ich wusste nicht, wo ich mich befand. Ich war nur hungrig und wollte bezahlen, doch das hatte ich schon getan – erfuhr ich von dem Mann.

Draußen stellte ich fest, dass es Abend geworden war. Ich betrat ein viel zu hell erleuchtetes Speiselokal und bestellte einen Teller Spaghetti und eine Karaffe Rotwein. Während ich aß und trank, kam ein junger Mann mit einer Gitarre, setzte sich hinter mich auf einen Hocker und begann zu spielen und zu singen. Durch den Alkohol und den Traum äußerst mürbe geworden, fand ich es gleich ganz hervorragend.

»Sie spielen ausgezeichnet«, sagte ich, als das Stück zu Ende war.

»I'me sorry, Sir«, antwortete der junge Mann, »I amme Italian and I cannot understand the Dutch.«

»You are a genius«, sagte ich großzügig. Und er bedankte sich sehr und fragte, ob ich vielleicht einen besonderen Wunsch hätte, und ich antwortete »Tenderly«, fing den Kellner ab und trug ihm auf: »Give this gentleman a drink.«

»Was haben Sie gesagt, Mijnheer?«, fragte der Mann.

»Geben Sie ihm was zu trinken«, sagte ich.

»Tenderly?«, fragte der junge Mann hinter mir im Tonfall völliger Unwissenheit.

»Na, dann spielen Sie einfach, worauf Sie Lust haben«, sagte ich.

»Sorry, Sir?«, fragte der junge Mann.

»Ach, du lieber Gott, wer spricht hier jetzt eigentlich was?«, rief ich, bezahlte die Spaghetti und das Getränk des jungen Mannes, das gelb war und sich auf 2,60 Gulden belief, und trat ins Freie. Mein Grimm war wieder zurückgekehrt. Ich wusste ganz sicher, dass meine Frau, so wie früher, sämtliche Freunde und alle bekannten Kneipen abtelefoniert hatte, um ein Fangnetz um mich zu legen, doch mit teuflischer Klugheit ging ich in ein Jazzlokal, in dem sie mich sicher nicht vermuten würde, weil wir schon seit zehn Jahren nicht mehr da gewesen waren.

Die Uhr stand auf neun Uhr, und ich war der einzige Besucher, aber die Band spielte dennoch, denn die Jungs machen das da eigentlich zu ihrem eigenen Vergnügen. Ich saß dort eine volle Stunde in äußerst düsterer Stimmung, fand alles genial und klatschte solo nach jedem Solo. Ich dachte an den Damenhandschuh auf dem Bürgersteig, und als sie *I Surrender, Dear* gespielt hatten, war ich so zu Krokodilstränen gerührt, dass ich zum Telefon ging.

Fünf Minuten später saß sie neben mir und sagte, dass sie es doch nicht so böse gemeint hätte, wie sie es gesagt habe. Und: »Lass uns weggehen, denn es ist so ein Krach hier.«

Und plötzlich war es für mich auch Krach, und wir verließen das Lokal und besuchten – redend und redend – noch eine ganze Reihe von Orten, die wir eigentlich besser nicht hätten betreten sollen, und ihr Haushaltsgeld schwand zusehends, und es wurde spät in dieser Nacht, sehr spät, so wie früher, als uns das noch überhaupt nichts ausmachte.

Aber das ist lange her …

Grabspruch für Japie

An der Theke drehte sich das Gespräch um Japie, den Wirt einer Kneipe auf der anderen Straßenseite, der morgens einem Herzstillstand erlegen war. Ich hatte ihn nicht gekannt, doch obwohl sein Name nett klang, erzielte sein Angedenken keine sonderlich hohe Punktzahl.

»Besser, er tot als ich krank«, sagte einer der Männer. Das war ein Gemeinplatz, der den Charakter des Verblichenen noch unberührt ließ. Doch ein anderer Mann ging weiter, indem er sagte: »Er hat es aber auch zu bunt getrieben. Jeden Tag hat er drei Ladungen weggehauen. Vormittags ungefähr fünfzehn Biere. Danach hat er sich ein Stündchen hingelegt. Nachmittags gings mit frischer Kraft erneut zur Sache. Ein Nickerchen um halb acht. Und dann machte er sich über den jungen Klaren her.«

Obwohl Japies Grabstein dadurch auch nicht eben schöner geworden war, trieb ein dritter Mann den Meißel erst so richtig tief hinein, indem er sagte: »Und was Geld angeht: uh!«

Und er kniff sich mit Daumen und Zeigefinger kurz die Nase zu wie jemand, der etwas sehr Schmutziges riecht. Alle nickten. Es schien allgemein bekannt zu sein.

»Kurz nach dem Krieg hat er mich mal reingelegt«, fuhr der Mann fort. »Damals lebte sein Vater noch, der Blaue Toon, auch so eine Zierde der Gesellschaft. Eines Nachmittags kommt er, Japie, zu mir in den Laden und sagt: ›Das ist mir ja was, die stehen mit einem Wagen voller Ware vor meiner Tür, und ich muss bezahlen, aber der Alte ist abgetaucht und hat den Schlüssel von der Geldkassette bei sich, kannst du mir also mal eben einen Tausender leihen, du kriegst ihn morgen zurück?‹ Und ich – völlig ahnungslos, ich war gerade erst in die Straße gezogen – geb ihm die tausend Mäuse.«

Der Wirt spitzte die Lippen und pfiff kurz und schrill, um deutlich zu machen, wie link er das alles fand.

»Ich gehe am Nachmittag darauf zu ihm in den Laden«, sagte der Mann. »Er, Japie, schenkt mir einen Schnaps ein und sagt: ›Das ist mir ja was, der Alte ist noch immer abgetaucht, aber das ist nicht schlimm – heute ist Dienstag, also komm einfach Donnerstagabend vorbei, dann habe ich das Geld für dich hier liegen.‹ Da merkte ich schon, dass irgendwas im Busche war, nicht? Zu Hause sage ich zu meiner Frau: ›Ich glaube, dass ich um einen Tausender geprellt worden bin. Aber da habe ich ja auch noch ein Wörtchen mitzureden.‹«

Er nahm einen Schluck, der sein Bierglas leerte, und verlangte noch eins. Einen Moment lang sah er beifällig zu, wie das Glas gefüllt wurde. Für meinen Geschmack zu lange, denn ich hing an seinen Lippen und wollte den Rest hören.

»Gut, ich gehe da Donnerstagabend um zehn Uhr hin«, sagte er endlich. »Kein Blauer Toon. Sondern Japie. Er will mir was einschenken. Ich sage: ›Nein, ich will nichts trinken, ich will meine Kohle.‹ Und er drängt mich weiter, denn wenn man einen im Kahn hat, wird man nachgiebiger, nicht wahr? Aber ich sage ›Nein‹ und bleibe da, ohne etwas zu trinken, sitzen. Und behalte ihn im Auge.

Es wird elf Uhr. Zwölf Uhr. Ein Uhr. Er sagt: ›Wir schließen jetzt.‹

Ich sage: ›Junge, mach ruhig dicht, ich bleib hier sitzen, bis ich meine Kohle habe.‹

Nun denn, er geht zur Telefonzelle, kommt kurze Zeit später zurück und sagt: ›Alles in Ordnung, ich kann das Geld sofort abholen, bei einem Freund von mir in Huizen.‹ Ich nicke und ruf ein Taxi, und wir fahren dahin. Nach Huizen.

›Hier ist es‹, sagt er. Eine Villa, dunkel. Zwei Uhr in der Nacht. Er steigt aus und geht in den Garten.

›Komm ruhig mit‹, ruft er. Ich gebe dem Fahrer schnell eine Zweieinhalbguldenmünze und sage: ›Was auch passiert, du fährst nicht ohne mich weg.‹ Und ich gehe auch in diesen Garten.

Da sagt Japie: ›Bleib du jetzt mal bei dem Baum hier stehen, dann bring ich das kurz mit meinem Freund in

Ordnung.‹ Ich nicke, aber ich schleiche heimlich hinter ihm her. Und glaubt ihr, dass er da klingelt? Kein Stück. Er läuft einfach ums Haus herum und steigt wieder in das Taxi. Aber der Fahrer ist nicht losgefahren, weil ich ihm ja Geld gegeben hatte. Sonst hätte ich schön dagestanden, mitten in der Nacht im Garten einer fremden Villa in Huizen.«

Er nahm einen Schluck.

»Das war Japie«, sagte er, die Geschichte abrundend.

Die anderen Männer nickten. Sie hatten Japie gekannt und fanden die Geschichte daher nicht so bemerkenswert wie ich.

»Aber ich hab mir meine Kohle doch noch geholt«, schloss der Mann. »Denn eines Morgens – der Alte war schon tot – war bei ihm zu, weil er seinen Rausch ausschlief, und da haben sie einen Posten Jenever für ihn bei mir abgegeben. Ihr versteht, kurz nach dem Krieg. Ich habe dafür auf dem Schwarzmarkt sofort drei Tausender bekommen. Nein, wen er auch immer geprellt haben mag, ich bin an Japie nicht arm geworden.«

Die Spezis

Neulich rief mich ein junges Fräulein an. Die Dame erklärte, dass sie für die Mitarbeiterzeitschrift der Firma, in der sie tätig sei, einen Artikel über mich schreiben müsste.

»Und ich würde es toll finden«, sagte sie, »wenn das Interview in einer der Kneipen stattfinden könnte, über die Sie so oft schreiben.«

Ich sagte, dass das für mich in Ordnung sei, und verabredete mich mit ihr in einem dieser ehrlichen, alten Verkostungslokale. Ein hübsches Mädchen um die zwanzig, viel zu jung und lebendig für die halbdunkle Spelunke. Ich stand an der Theke, als sie hereintrippelte wie ein süßer, wenngleich zerstreuter Engel, der aus Versehen das Tor zur Hölle öffnet. Doch sie fand es wunderbar und fragte, ob das nun die »Spezis« seien, über die ich so viel schreiben würde. Ich sagte »Ja«, obwohl ich kein Befürworter dieser etwas herablassenden Bezeichnung für Männer bin.

Neben uns standen zwei grauhaarige, etwas plumpe Personen in fortgeschrittenem Alter und besprachen ernsthaft die Frage, in welchem Maße sie noch das Bedürfnis nach sexuellem Verkehr verspürten. Nachdem der eine Mann ritterlich eingestanden hatte, dass ihm das schon seit Jahren gestohlen bleiben könnte, sagte der andere, der ein subtilerer Denker war: »Hör mal, Piet, wenn du mir dreimal am Tag jedes Mal eine andere schöne Frau bringen würdest, könnte ich sicher drei Mal. Aber zu Hause – nicht mal, wenn man mich draufbinden würde.«

Ich lege Ihnen den Satz zu Füßen, und Sie machen damit, was Sie wollen. Piet sah aus, als würde ihm schon der Transport all der schönen Frauen zu viel werden.

Ich hätte gern weiter zugehört, doch für das Mädchen fand ich das Gesprächsthema weniger geeignet, sodass ich sagte: »Bei der Tür ist ein Tisch frei. Sollen wir uns da hinsetzen?«

Sie stimmte zu. Als wir saßen, holte sie Papier und Bleistift hervor und begann, mir die üblichen Fragen zu stellen, auf die ich die üblichen Antworten gab. Eine Frage, die nie fehlt, kam ebenfalls über ihre süßen Lippen: »Können Sie mal ein interessantes Ereignis aus Ihrem Leben erzählen?«

Da ich seit 1936 alle interessanten Ereignisse aus meinem Leben aufgeschrieben und in die Zeitung gesetzt habe, kostet mich die Beantwortung dieser Frage nicht die geringste Mühe. Ich erzähle einfach einen alten Kronkel. Und noch nie hat jemand gesagt: »Den kenne ich schon.« Das ist ein Vorteil der Vielschreiberei. Das einzige Wesen auf Erden, das alles, was ich geschrieben habe, gelesen hat, ist meine Frau, aber sie fragt denn auch nie: »Erzähl mal ein interessantes Ereignis aus deinem Leben.«

Als ich das Mädchen nach Gebühr bedient hatte, kam die letzte Frage, die auch immer auf der Liste steht: »Wie finden Sie es, populär zu sein?«

Tja, was soll man darauf entgegnen? Man kann sich natürlich in falsche Bescheidenheit hüllen, doch die Erfahrung hat mich gelehrt, dass es die praktischste Vorgehensweise ist, einfach mit »schön« zu antworten.

Ich wollte es gerade sagen, als ein sehr großer Mann, der offenbar unsäglich viel intus hatte, tastend seinen Weg zum Ausgang suchte. Als er an unserem Tisch angekommen war, blieb er stehen, sah mich dösig an und nannte mit ziemlich schwerer Zunge meinen Namen. Ich lächelte ihn unbestimmt an.

»Und weißt du, wer hier steht?«, rief der Mann und schlug sich kraftvoll gegen das Brustbein.

»Nein«, antwortete ich.

»Hier steht Koos Braksemeyer«, rief der Mann mit einem Aplomb, als hätte er Shakespeare gesagt.

Da ich den Namen zum ersten Mal hörte, sagte ich nur: »Oh.« Der Mann beugte sich zu mir herüber, sah mich mit Augen an, die vor Wut funkelten, und sagte: »Du dreckige, stinkige Laus, ich hoffe, dass dir der Krebs bald dein Hirn zerfrisst.«

Darauf verließ er zufrieden das Haus.

»Das wird dann wohl ein kurzes Krankenlager

werden«, sagte der Wirt, der gut in solchen kompakten Randbemerkungen ist.

Das Mädchen fand, dass es Zeit für sie wurde, und verließ mich in Eile. Schade. Die Spezis hatten sich nicht von ihrer schönsten Seite gezeigt. Aber man kann sie immerhin hier treffen.

Die Stille

Ich saß in einer schlauchartigen, dunklen Kneipe ganz am Ende der Theke. Die alte Uhr zeigte zehn nach elf, wohlgemerkt am Vormittag. Der Wirt füllte schweigend Flaschen aus einem Fass ab. Ganz am anderen Ende, nahe der Tür, saß ein Mann mit merkwürdigem, orangefarbenem Haar neben einem halb gefüllten Glas, den Kopf gebeugt, das Kinn auf die Brust gesenkt. Auch kein früher Plauderer. Ich war dort kurz eingekehrt, um eine unbestimmte Niedergeschlagenheit, für die ich keinen greifbaren Grund hätte angeben können, mit einem Glas Sherry zu kurieren – und ich hatte das zweite fast leer.

Der Geruch und die Stille in so einer alten Kneipe am Vormittag sorgen dafür, dass man an seinem Stuhl kleben bleibt. Man kann seine vagen Gedanken einfach treiben lassen, wie Papierschiffchen in einem Planschbecken. Draußen ist die schnelle, effiziente Welt, in der alles irgendwohin eilt. Doch diesen grauen Spalt hier hat man bisher versäumt, mit Licht, Geräusch und einem Ziel zu füllen. Bisher. Der Wirt ist der Tage überdrüssig und wahrscheinlich auch aller Abende. Die Kneipe wird zusammen mit ihm sterben. Doch erst morgen, nicht heute. Lass mich den heutigen Tag also noch genießen. Das ist ein schönes Scheinargument für: »Noch einen.«

Meine Worte verletzen die Stille. Der Mann mit dem orangefarbenen Haar erbebt kurz. Der Wirt schenkt schweigend das Glas voll. Ich lasse das »Vielen Dank« weg, aus Taktgefühl. Die Atmosphäre erholt sich wieder. Nur draußen machen die anderen ihren Lärm. So bleibt es geraume Zeit. Die Uhr tickt. Doch das ist erlaubt.

Dann geht die Tür auf, und ein großer, gesund und munter wirkender alter Mann tritt ein und reibt sich behaglich die Hände. »Hier drinnen ist es besser als draußen«, erklärt er.

Er ist ein gewohnheitsmäßiger Feind der Stille, unserer Stille, das sieht man auf den ersten Blick. Zuerst schaut er zu mir herüber und anschließend zu dem Mann an der Tür. Dann geht er instinktiv in die Mitte der Kneipe und setzt sich an den Ofen, exakt gleich weit von uns beiden entfernt.

»Gib mir einen Jungen. Der so alt ist wie ich«, sagt er.

Ein alter Scherz. Der Tag ist noch zu jung dafür. Auf dem müden, roten Antlitz des Wirtes erscheint pflichtschuldig etwas, das er für ein Grinsen hält. Er schenkt das Glas voll.

»Das Fernsehprogramm war gut, gestern Abend, fandst du nicht?«, sagt der alte Mann aufgeräumt und noch immer händereibend. »Ich habe es richtig genossen. Spannend und trotzdem geistreich, fandst du nicht? Man hat schon mal Programme, wo man denkt: Na ja … Aber das hier – nein, das konnte man sich mit großem Genuss anschauen.«

Er hat eine laute, heitere Stimme, die auf unsere Stille förmlich einprügelt. Der Wirt füllt – mit dem Rücken zu ihm – wieder eine Flasche ab. Der Mann nimmt einen Schluck und fragt: »Fandst du nicht auch?«

Nun dreht der Wirt sich um und sagt: »Ich habe keinen Fernseher.«

Der Alte lässt sich nicht aus dem Feld schlagen. Er dreht sein gesund-munteres Gesicht in meine Richtung und ruft, aus beträchtlicher Entfernung: »Fanden Sie es nicht schön? Und auch interessant? Wegen all der Fakten, die da präsentiert wurden? Das hat dem Ganzen außerdem etwas Lehrreiches gegeben. Obwohl es trotzdem spannend geblieben ist. Und geistreich. Fanden Sie nicht?«

Wahrheitsgemäß muss ich antworten: »Ich habe es nicht gesehen.«

Nun dreht der Alte sein fröhliches Gesicht in die andere Richtung und fragt, vorsichtiger geworden, die stille Gestalt an der Tür: »Haben Sie es gesehen?«

Der andere nickt.

»Und?« (Es klingt hoffnungsvoll.)

Der Mann an der Tür bringt ein leises Röcheln hervor, als würde die ausgeleierte Maschinerie, die ihm das Sprechen ermöglicht, erstmals am heutigen Tag in

Gang gesetzt. Dann sagt er, das Kinn noch immer auf der Brust, mit rauer Stimme: »Das war Mist.«

Drei Worte, doch sie fallen so unwiderruflich wie das Beil der Guillotine. Der Alte bleibt noch kurz, abgekanzelt, neben dem Ofen sitzen. Dann steht er auf und fragt: »Was kriegst du von mir?«

Die Tür, die hinter ihm zufällt, ist das letzte Geräusch. Unsere Stille hat ihn besiegt und kehrt zurück, noch etwas mitgenommen durch den Nachhall all der vielen Worte. Doch sie erholt sich rasch.

Wir lernen es nie

Um neun Uhr am Abend, als ich mich auf der Martelaarsgracht in Amsterdam gerade zögernd fragte, ob ich die Straßenbahn nach Hause nehmen sollte, kam ein Mann, stellte sich neben mich und sagte: »Er lernt es nie. Bannik lernt es nie.«

Und er schlug sich auf die Brust, um zu verdeutlichen, dass er über sich selbst in der dritten Person sprach. Er war in meinem Alter und hatte strahlend blaue Augen. Groß und breit stand er da, recht ordentlich gekleidet, doch seine Wangen waren seit Tagen nicht mehr mit einem Rasiermesser in Berührung gekommen.

»Da wohne ich schön ruhig bei meiner Schwester und meinem Schwager in Utrecht«, sagte er. »Schon acht Monate. Bannik hat eine gute Stelle. Er verdient gutes Geld. Er bezahlt Kostgeld. Er legt 371 Gulden zur Seite. Und die Kneipe? Es gibt ja einen Haufen Kneipen in Utrecht. Mein Schwager geht da schon mal rein, nach der Arbeit. Aber Bannik nicht. Er hat nie was drauf gegeben. Er ist einfach an ihnen vorbeigegangen. Zu meiner Schwester. Um mich frisch zu machen. Und dann mit Appetit zu essen. Und abends hat Bannik ferngesehen. Bei einer Tasse Tee. Und er hat sich ein paar sehr schöne Krawatten gekauft. Und einen neuen Anzug. Und ordentliche Unterwäsche. Liegt alles in Utrecht bei meiner Schwester. Ich denke: Bannik, jetzt läuft es endlich mal gut mit dir. Ruhig. Nichts Besonderes. Ein fleißiger Mensch, wie alle anderen. Aber …«

Er machte eine Pause und schloss die strahlend blauen Augen.

Das schreckliche »Aber« hatte ich schon eine ganze Weile kommen sehen. Es gibt auch Filme, die mit einer sehr glücklichen Familie beginnen, wo alle den ganzen Tag über mit einem Lächeln herumlaufen. Aber … Nach etwa zehn Minuten fängt das Elend an, darauf kann man Gift nehmen.

»Aber«, sagte Bannik, dort auf der Martelaarsgracht, »wir lernen es nie. Nie, nie, nie. Das schlag dir mal ruhig aus der Birne. Nie.«

Er seufzte nun sehr tief. Ich fühlte mich Bannik verbunden.

»Acht Monate lang war ich ein piekfeiner Herr«, sagte er. »Aber Samstag gewinnt unser Verein in einem – wie soll ich sagen – sehr trickreichen Spiel, aber trotzdem sportlich fair. Und was macht Bannik anschließend? Er geht mit seinem Schwager ein Bierchen trinken. Aus Freude. Und was kann einem ein kleines Bier schon anhaben? Gut, wir trinken das Bier, und noch eins, und ich rufe meine Schwester an und sage: ›Bring mal meine Ziehharmonika vorbei‹, denn zufällig kann ich sehr schön Ziehharmonika spielen, und ich wollte das

Ganze mal ein bisschen feierlicher machen, weil unser Verein so toll gewonnen hatte, aber was sagt meine Schwester? Sie sagt: ›Nein, komm du mal lieber nach Hause.‹ Und das ist bei Bannik gar nicht gut angekommen. Verstehst du? Da schwang Misstrauen mit, verstehst du?«

Ich nickte. Ich sah die Schwester vor mir.

»Gut, wieder an der Theke, sage ich: ›Gib mir noch ein Pils, und stell einen jungen Jenever daneben.‹ Und das hätte Bannik nicht tun sollen. Aber gut, mein Schwager geht nach Hause, und ich bleibe, denn ich bin mit einer Person in ein Gespräch über Tauben verwickelt, und es wird halb elf, und noch ist nichts von einer wilden Feier oder so zu merken, es war angenehm entspannt, mehr nicht, und die Person geht, um mit dem Auto nach Amsterdam zu fahren, und sagt: ›Ich kann dich gern mitnehmen‹, und Bannik fährt mit und …«

Er schloss wieder die Augen.

Hinter ihm erschallten die Posaunen des Unheils.

»Nun habe ich ein großes Misstrauen gegen Bankinstitute«, sagte er. »Man liest so viele seltsame Sachen in der Zeitung. Ich trage also die 371 Gulden am Körper, dann kann nichts passieren, denn Bannik ist ja selbst dabei. Und wir kommen in Amsterdam an, und das Geld brennt mir in der Tasche. Nun denn – rein in die Kneipe, raus aus der Kneipe, und immer die Spendierhosen an. Hier eine Runde, da eine Runde, jeder kriegt einen ausgegeben. Und plötzlich steht Bannik da. Total abgebrannt. Bis auf fünfzehn Cent und zwei Zigaretten. Obwohl ich alles in Utrecht liegen habe. Meinen neuen Anzug. Meine Krawatten. Die Unterwäsche …«

»Und die Ziehharmonika«, sagte ich.

»Und die Ziehharmonika«, bestätigte er. Selten habe ich einen so einfachen und kurzen Satz so traurig klingen hören.

»Wenn ich dir jetzt fünf Gulden leihen würde«, sagte ich, »damit du nach Utrecht zurückkannst?« Er nahm sie nur zu gern, schüttelte meine Hand lange und feierlich und schlug tatsächlich die Richtung des Bahnhofs ein. Doch bei der letzten Kneipe an der Ecke zögerte er. Kurz. Dann ging er hinein.

Nein, wir lernen es nie. Ich nicht und Bannik auch nicht. Das schlag dir mal ruhig aus der Birne.

Nachwort

Aus den Tausenden und Abertausenden Kronkels von Simon Carmiggelt haben wir vor zwei Jahren zur Freude zahlreicher literarischer Feinschmecker erstmals seit den Sechzigerjahren in diesem Verlag eine thematische Zusammenstellung *(Kronkels: Über Katz und Hund)* veröffentlicht. Wer weiß, dass Carmiggelt tagtäglich seine Stammkneipen (und nicht nur diese) aufsuchte und sich dort inspirieren ließ, wird sich nicht wundern, dass nun eine Blütenlese seiner berühmten Kneipengeschichten vorgelegt wird.

In den Niederlanden haben diese *Kroeglopen* (auf Deutsch etwa: Kneipenbummel) nach wie vor Kultstatus; kaum ein Haushalt, in dem nicht ein Exemplar des Kolumnenbandes zu finden ist. Dass diese legendäre Sammlung des Schriftsteller-Flaneurs (und natürlich auch Trinkers) Carmiggelt bislang nicht auf Deutsch übersetzt wurde, mag in den Niederlanden keiner glauben.

Nur allzu leicht ist man versucht, bei diesem Autor griffige Vergleiche wie etwa diese zu bemühen: Der am 7. Oktober 1913 in Den Haag geborene Simon Carmiggelt ist einer, der schreibt wie Tucholsky, Polgar (die er hoch schätzte) und Kästner (den er persönlich kannte). Das stimmt natürlich irgendwie, wird ihm aber nicht gerecht. Denn Carmiggelt war hauptsächlich eins: Simon Carmiggelt.

Unverwechselbar nicht nur in seinem Äußeren – die lange, hagere Gestalt, das zerknitterte Gesicht mit dem meist spöttischen Lächeln unter dem vollen Haarschopf, die Brille, der helle Mantel, immer ein paar Nummern zu groß, der Regenschirm als beständiger Schutz gegen das berühmte Amsterdamer Schlechtwetter, die unverzichtbare Aktentasche – bis zu seinem Tod am 30. November 1987 gehörte der so Ausgestattete (auch die Krawatte wollen wir nicht vergessen!) sozusagen zum Stadtbild Amsterdams.

Aber nicht nur dort, sondern landesweit kannte jeder das Gesicht des berühmten Flaneurs: Carmiggelt war mit seinen in der Tageszeitung *Het Parool* veröffentlichten Geschichten (*Kronkels* oder auch *Cursiefjes* genannt) so populär, dass er in den 1970er- und 1980er-Jahren eine eigene Fernsehsendung hatte, deren markante Erkennungsmelodie jeder Niederländer mitsingen oder -pfeifen konnte. Da las er zu später Stunde eine Geschichte vor, und wie Zeitgenossen bestätigen, hing die ganze Nation gespannt vor dem Fernseher.

Über Jahrzehnte hinweg hat Carmiggelt an jedem Werktag eine solche Story veröffentlicht. Es ist nicht bekannt, dass es auch nur einen Tag gegeben hätte, an dem ihm einmal nichts eingefallen wäre. Und es ist auch kein Tag bekannt, an dem er einen schnell zusammengepfuschten Text abgeliefert hätte. Und so kam es zu einem Bonmot, das den Herausgebern von *Het Parool* vielleicht nicht sonderlich gefallen haben mag: Die Leser meinten nämlich, *Het Parool* sei nur das Papier um Carmiggelts Geschichten herum …

Die besten seiner *Kronkels* wurden in Büchern gebündelt, manchmal gleich mehrere in einem Jahr, für Fans gab es signierte Vorzugsausgaben, und in den ganz geringauflagigen Ledereditionen steckte dann auch schon mal ein Originalmanuskript, einfach aus Carmiggelts Ringblock gerissen. 1983 legte er mit *Mag 't een ietsje meer zijn?* (Darf es ein klein bisschen mehr sein?) eine Art Greatest-Hits-Band vor, in dem er seine persönlichen Lieblingsarbeiten (auch Gedichte) gesammelt hatte – ein Buch, das in jedem literarisch interessierten Haushalt der Niederlande stehen dürfte.

So klein die Form (sie ist im deutschsprachigen Raum leider nach dem Zweiten Weltkrieg aus der Mode gekommen, während sie sich in den Niederlanden – bis heute – großer Beliebtheit erfreut), so groß die Kunst des Autors. Denn um jeden Tag, den der Herrgott werden ließ, einen *Kronkel*, ein Feuilleton, eine literarische Miniatur mit Kugelschreiber aufs linierte oder karierte Ringbuchpapier zu bringen, muss man als Autor von besonderer Beschaffenheit und Disziplin sein. Ohne genaue Beobachtungsgabe und die Fähigkeit, das ganz Große im ganz Kleinen zu entdecken, ist man für diesen, oberflächlich betrachtet, schnell zu erledigenden Job nicht geeignet.

Carmiggelt war ein Flaneur. Und zwar einer im benjaminschen Sinne. Täglich streifte er durch die Straßen seines geliebten Amsterdams, setzte sich in einen Park oder in eine Kneipe (auch als er längst keinen Alkohol mehr trank und trinken durfte) und konnte darauf vertrauen, dass ihm eine Geschichte zufliegen würde: sei es ein Gesicht, das ihn an irgendetwas erinnerte, sei es ein aufgeschnappter Satzfetzen – es brauchte nicht viel, um seine »Fantasiemaschine« (Jürgen Pütz) in Gang zu setzen. Lief sie einmal, war sie freilich nicht mehr aufzuhalten. Und sie lief zielgenau (und in wohlkalkulierter Länge) auf eine Pointe zu, wie sie nur ein Autor wie Carmiggelt zu setzen wusste. Aufgeschrieben hat er seine Geschichten gleich am Kneipentisch oder auf der Parkbank – abgetippt wurden sie dann hinterher.

Leser haben Carmiggelt zu Hause aufgesucht oder zu sich eingeladen, um ihn mit *Kronkel*-Stoff zu versorgen. Mehr als einmal hat er aus solchen Begegnungen dann auch ein Feuilleton gemacht. Dabei hat man als Leser immer das Gefühl, die von Carmiggelt beschriebenen Orte und Personen wenigstens ein bisschen zu kennen, was nebenbei auch den erfreulichen Effekt hat, dass alle seine Geschichten – selbst wenn sie ein halbes Jahrhundert alt sind – immer wie »frisch geschrieben« wirken.

Carmiggelt ist einer der größten Stilisten, den die niederländische Literatur kennt. Eine liebevoll gemachte

Dünndruckausgabe seiner Werke, erschienen im renommierten Amsterdamer Verlag van Oorschot, hat ihn in den letzten Jahren auch einer jüngeren Generation von Lesern wieder nahegebracht: als einen quicklebendigen Klassiker, den man auch heute (und morgen) noch mit höchlichstem Vergnügen lesen und genießen kann.

Noch ein Wort zur Übersetzung: In den Niederlanden gilt Simon Carmiggelt wegen seines oft ungewöhnlichen Sprachgebrauchs und den vielen Wortneuschöpfungen weithin als »unübersetzbar«. Umso größer war unsere Überraschung, dass sich die *Kronkels* fast mühelos übersetzen ließen – wenn man nur die goldene Regel eines anderen bekannten niederländischen Kolumnisten, großen Übersetzers und übrigens guten Freunds von Carmiggelt, Karel van het Reve, beherzigt: »Übersetze, was dort steht (und nicht, was du meinst, was dort stehen sollte)!« Hält man sich an dieses Diktum, übersetzen sich die *Kroegloper*-Geschichten fast von selbst, und Carmiggelt klingt im Deutschen ähnlich »schräg«, wie ihn seine niederländischen Leser kennen und lieben.

Dass nun auch der deutsche Leser an Carmiggelts literarischem Kneipenbummel teilhaben kann, ist nicht zuletzt ein Verdienst von Reintje Gianotten vom Nederlands Letterenfonds, und Frank Carmiggelt, Sohn des Meisters, die unsere Ausgabe von Anfang an begleitet haben.

Ulrich Faure und Gerd Busse

Kronkels – Über Katz und Hund

Mit einzigartigem Wortwitz und Gefühl für schräge Charaktere erzählt Simon Carmiggelt von Katzen, Hunden und ihren Menschen. Von Seite zu Seite schmunzelt man über die Eigenheiten von Mensch und Tier, die bei Carmiggelt auch gern die Rollen tauschen und uns so einen Spiegel vorhalten. Wir erkennen den rachsüchtigen Leserbriefschreiber im Katzenjungen ebenso wie den Anbiederer, der »ständig lacht, um zu zeigen, wie ungefährlich er ist«. Streuner, Tyrannen und Schlitzohren gibt es, so erfahren wir, auf vier wie auf zwei Beinen.

Carmiggelts Kronkels erschienen während Jahrzehnten als Kolumnen, die zum Tagesgespräch wurden. Sie beglücken alle, die gleichermaßen ein Herz für Tier und Mensch haben, sich augenzwinkernd im jeweiligen Gegenüber erkennen können.

»Genau beobachtete Alltagssituationen, die auf drei bis vier Seiten stilistisch brillant das Große aus dem Kleinen blitzen lassen. Voller Humor, hier und da eine Prise Sarkasmus, ein Hauch Ironie, spitzfedrig. Carmiggelt flanierte durch die Straßen, Cafés und Kneipen, war ›weltberühmt‹ in seiner Lieblingsstadt Amsterdam und den gesamten Niederlanden.«
Arndt Wiebus, WAZ

Maria in der Hafenkneipe

Ein regennasser, kalter Wintertag – und Feierabend für Frans Laarmans. Er hat die besten Vorsätze und will schnurstracks nach Hause. Da kommen ihm drei afghanische Matrosen in die Quere. Sie halten ihm den Boden einer Zigarettenschachtel unter die Nase, worauf in Krakelschrift der Name »Maria« und eine Adresse stehen. Eine Dame von zweifelhaftem Ruf? Laarmans lässt alle Vorsätze fahren und geht mit den drei Fremdlingen auf die Suche. Als gegen Mitternacht ihre abenteuerlichen Reise durch die Gassen Antwerpens endet, sind sie nicht nur Freunde geworden, sondern haben zu ihrer eigenen Überraschung auch allerlei Glaubensrätsel und Kulturdifferenzen gelöst, für die andere mehr als ein Leben brauchen.

Leimen

Frans Laarmans hat den grauen Büroalltag gründlich satt. Da tut sich ihm unverhofft die Chance zu einer glanzvollen Karriere auf: Ch. A. F. D. Boorman, Herausgeber der »Allgemeinen Weltzeitschrift für Finanzen, Handel, Gewerbe, Kunst und Wissenschaft«, bietet ihm eine Stelle als Sekretär und späterer Nachfolger an. Laarmans schlägt ein – und merkt zu spät, wem er seine Seele verkauft hat. Nun wird er in die hohe Kunst des »Leimens« eingeführt: Boorman ist ein gerissener Betrüger, der genau weiß, wie man die Maschinerie der Marktwirtschaft für sich arbeiten lässt. Laarmans imponiert der hemdsärmelige Boorman, und doch kann er sein Mitgefühl für die Betrogenen nicht ganz verleugnen.

»Elsschots Erzählfreude strotzt vor vergnügtem Sarkasmus, hinter dem eigentlich zuweilen die pure Verzweiflung ob der Jämmerlichkeit der Conditio humana durchschimmern müsste.«
Frankfurter Allgemeine Zeitung

Einstieg in Fahrtrichtung

Wer verbirgt sich hinter den Menschen, die Tag für Tag im Zug mit uns reisen? Was sind ihre Geschichten, Ziele, Glücksmomente? Sia Bronikowski ist viel unterwegs, und oft kommt sie ins Gespräch mit ihren Zufallsweggefährten. Sie heißen Moritz, Luigi, Wolf oder Maryse, sind Cosplayer, Mechatroniker, Beckenbodentrainer oder Sudoku-Löser. Ob im Regionalzug, in der S-Bahn oder im ICE: Mal erfährt sie zwischen zwei Stationen ein ganzes Leben, mal einen Ausschnitt, mal wird sie stille Zeugin einer Tragödie, dann wieder zur Auslöserin eines skurrilen Ereignisses.

Aus den flüchtigen Zusammentreffen im Zug werden Erzählungen, Zeugnisse eines schwerelosen Sich-öffnens zwischen Abfahren und Ankommen – wie es nur im Zugabteil möglich ist. Sia Bronikowski nimmt uns mit auf eine persönliche und berührende Reise voller unverhoffter Begegnungen.

»Wie viele unerzählte und doch erzählenswerte Geschichten stecken hinter jeder Person, die im Abteil neben uns sitzt, mit uns am Bahnsteig wartet oder gedankenversunken aus dem Fenster starrt. Sia Bronikowski wagt neugierig die Annäherung an unsere Zufallsgefährten, mit denen wir oft nicht mehr als ein Stückchen Weg gemeinsam zu haben scheinen.«
Badische Zeitung